文化创意人才的『树形培养模式』研究

THE STUDY ON THE
TREE CULTIVATING MODEL
OF CULTURAL CREATIVE TALENTS

赵朝峰 著

U0744136

浙江工商大学出版社
杭州

图书在版编目(CIP)数据

文化创意人才的"树形培养模式"研究 / 赵朝峰著.
—杭州:浙江工商大学出版社,2020.8
　　ISBN 978-7-5178-3995-8

　　Ⅰ. ①文… Ⅱ. ①赵… Ⅲ. ①文化产业—人才培
养—研究—中国 Ⅳ. ①G124

　　中国版本图书馆 CIP 数据核字(2020)第141369号

文化创意人才的"树形培养模式"研究
WENHUA CHUANGYI RENCAI DE "SHUXING PEIYANG MOSHI" YANJIU
赵朝峰　著

责任编辑	王　英	
封面设计	林朦朦	
责任印制	包建辉	
出版发行	浙江工商大学出版社	
	(杭州市教工路198号　邮政编码310012)	
	(E-mail:zjgsupress@163.com)	
	(网址:http://www.zjgsupress.com)	
	电话:0571-89995993,89991806(传真)	
排　　版	杭州朝曦图文设计有限公司	
印　　刷	广东虎彩云印刷有限公司绍兴分公司	
开　　本	710mm×1000mm　1/16	
印　　张	13.75	
字　　数	184千	
版 印 次	2020年8月第1版　2020年8月第1次印刷	
书　　号	ISBN 978-7-5178-3995-8	
定　　价	52.00元	

目　录

表目录

图目录

第一章 绪 论

第一节 研究背景和选题意义

进入21世纪以来,文化创意产业在全球范围内取得了重大发展,成为世界经济舞台的耀眼明星。文化创意产业"以创作、创造、创新为根本手段,以文化内容和创意成果为核心价值,以知识产权实现或消费为交易特征,为社会公众提供文化体验的具有内在联系的产业集群"①。文化创意人才是产业的核心生产要素,文化创意人才的培养质量对于文化创意产业的发展有着直接而密切的关系,这一现象引起了世界各国的重视。

2003年开始,中华人民共和国文化部针对文化创意人才短缺问题,在北京大学、上海交通大学等高校相继成立了"国家文化产业创新与发展研究基地"。此后,不少高校主动设置新专业,探索新合作,深度挖掘自身的文化创意基地作用,比如中国地质大学增设了珠宝首饰款式设计专业,清华大学与世界著名的游戏公司SQUARE ENIX联合培养数字游戏制作人才。

我国文化创意产业的研究集中在中国社科院和各大高校成立的研究院(中心),主要包括中国传媒大学文化发展研究院、中国社会科学院文化研究

---

① 北京市技术质量监督局.文化创意产业分类(征求意见稿):DB11/T 763—201X[S/OL].[2016-11-25].https://max.book118.com/html/2017/0421/101474329.shtm.

中心、中国人民大学文化创意产业研究中心、清华大学国家文化产业研究中心、北京大学文化产业研究院、上海社会科学院文化产业研究中心、上海交通大学国家文化产业创新与发展研究基地。这些机构同时还兼顾培养高学历、高素质文化创意产业研究人才。

《国家中长期人才发展规划纲要(2010—2020年)》的发布,标志着中国经济的核心竞争力从人力资源转向人才资源,人才优先发展战略得以确立。为了推动文化创意产业的发展,我国政府已对文化创意人才培养的问题给予了关注。

《中共中央关于深化文化体制改革,推动社会主义文化大发展大繁荣若干重大问题的决定》(以下简称"《决定》")认为人才建设是建设文化强国的重中之重,指出"推动社会主义文化大发展大繁荣,队伍是基础,人才是关键"[1],要求"建设宏大文化人才队伍,为社会主义文化大发展大繁荣提供有力人才支撑"[2]。《决定》强调要多提供更适合的土壤,加大力度培养文化创新人才,形成一支文化创意人才队伍,以促进、繁荣未来的文化发展。党十八大报告明确提出实施人才优先战略。

2016年,为了从人才制度层面对创新给予鼓励与保障,中共中央印发了《关于深化人才发展体制机制改革的意见》,提出政府应打破束缚人才活跃发展的机制,解放人才的生产力,激活人才自身的活力,从制度上形成具有国际竞争力的人才制度优势,聚天下英才而用之。

当前,我国的文化创意产业的人才资源并未得到有效的开发和利用,虽

---

[1] 中国共产党第十七届中央委员会.中共中央关于深化文化体制改革,推动社会主义文化大发展大繁荣若干重大问题的决定[EB/OL].(2011-10-25)[2016-11-25].http://news.xinhuanet.com/politics/2011-10/25/c_122197737.htm.

[2] 中国共产党第十七届中央委员会.中共中央关于深化文化体制改革,推动社会主义文化大发展大繁荣若干重大问题的决定[EB/OL].(2011-10-25)[2016-11-25].http://news.xinhuanet.com/politics/2011-10/25/c_122197737.htm.

然从业人员数量大幅度增加,但人才供求结构在地区分布和行业分布中存在着较为严重的失衡状况。

人才问题正成为制约我国文化创意产业发展的瓶颈,尽快培养一批具有国际视野和创新能力的文化创意人才,不仅是文化创意产业可持续、高质量发展的时代要求,也对我国经济由传统产业业态向新经济业态成功转型有重大影响。

人才问题离不开人才培养。人才培养不是一朝一夕的事,十年树木百年树人,人才培养应从产业现实和经验基础出发,作为一个长期工程来实施。事实上,探索适合的文化创意人才培养模式,为产业发展提供优质的人力资源支撑,是目前各国都面临的紧迫课题。从20世纪90年代起,美国、英国、韩国、日本等国家都在探索并研究文化创意人才的系统培养战略。

当前,我国文化创意人才培养主要以高校和企业为主体,已取得了一些成绩,但实践经验相对较少,培养机制的改革尚处于探索阶段,产业的发展需求与培养模式之间存在明显的脱节现象。

作为人才培养机制的核心——人才培养模式面临着急迫和重大的挑战,改革势在必行。"人才培养模式改革是一项具有全局性、长期性和根本性的系统工程,必须按照教育教学规律、人才培养和人才成长规律、经济社会发展规律的客观要求统筹考虑、整体设计、分期进行、稳步推进,切忌急功近利的短期行为。"[1]教育部发布的《高等教育面向21世纪教学内容和课程体系改革计划》也把人才培养模式改革作为探索重点。

在文化创意产业中,人才不仅是作为重要的生产要素发挥作用,更是文化创意产业中的另一生产要素"创意"的创造者,这就赋予文化创意人才独特的个性。对于文化创意人才的培养,首先要立足对其特性的准确把握,避

---

① 何颖,蒋鲲,吴华洋,范大伟."四融合"人才培养模式的构建[J].中国高等教育,2016（4）:67.

免对传统人才培养模式的简单继承。文化创意人才的培养更像是培育生命体。例如种树,除了提供必要的生产资料外,更重要的是为树苗的生长提供适宜的环境,即高效的生长机制。一直以来,我们强调人才作为培养作用的承受者,缺乏对人才的主观能动性的关注与调动。在本书中,文化创意人才的培养更接近"培育"的内涵,即给适宜条件,使其繁殖、生长。

一、研究背景

从世界历史发展来看,近300年来,国与国之间的竞争重点不断发生变化,19世纪竞争的重点聚焦在生产力,20世纪转移到制度上,21世纪则是拥有强大文化软实力的国家,有可能对整个世界的发展产生巨大影响。

作为文化软实力的主导竞争形态,文化创意产业的发展规模和水平标志着一个国家或地区的综合实力,也受到了越来越多国家或地区的重视。

(一)文化创意产业的发展趋势

从全球范围来看,美国、法国、英国、韩国、日本等国家的文化创意产业已经发展成所在国的支柱性产业。

在党的十八大报告中,明确提出了"促进文化和科技融合,发展新型文化业态,提高文化产业规模化、集约化、专业化水平"[①]的要求。在党的十八届三中全会上,进一步明确把文化产业培育成为国民经济支柱性产业。在政府的积极倡导和政策扶持下,文化创意产业从萌芽到蓬勃发展,日渐成长壮大。

作为推动产业结构转型升级,推进"双创"工程的重要抓手,我国文化创

① 习近平.坚定不移沿着中国特色社会主义道路前进 为全面建成小康社会而奋斗——在中国共产党第十八次全国代表大会上的报告[EB/OL].(2012-11-19)[2016-11-25].http://www.xj.xinhuanet.com/2012-11/19/c_113722546.htm.

意产业近年来发展迅速,成长势头引人注目,不少地区的"十二五""十三五"规划都把文化创意产业列为重点发展板块。文化创意产业也由此逐渐从我国东部地区,迅速地扩大到中部和西部地区,加快了开发三线城市的步伐。

文化创意产业日益成长为我国支柱性产业,对国家经济的贡献逐步增大。如根据国家统计局发布的数据,2015年全国文化及相关产业增加值27235亿元,比2014年增长11%(未扣除价格因素),比同期GDP名义增速高4.6个百分点;占GDP比重为3.97%,比2014年提高0.16个百分点。

如今,我国文化创意产业正进入"升级版"的转型与融合发展新阶段。

(二)文化创意人才是文化创意产业的核心生产要素

对文化创意产业来说,核心生产要素之一是文化创意人才,这一点从世界知识竞争力评价指标设定中可以得到印证。联合国开发计划署在《2010年人类发展报告》(Work for Human Development 2010)中强调:"创意与人才将比传统的生产要素例如劳动力和资本,更快地成为可持续发展的强大动力。"[1]通过考察美、英、日、韩等文化创意产业强国的成功经验,共有的经验就是重视培养文化创意人才。

"世界创意产业之父"约翰·霍金斯(John Howkins)认为:"创意经济的基础是那些使用自己的想象力、梦想和幻想的人。"[2]文化市场激烈竞争的背后,实质上是人才在博弈,我们时常能够看到,一个人或者一个团队碰撞出来的好创意,甚至能撬动一个产业大类的发展。

文化创意产业与文化创意人才形成了辩证发展关系,具体体现在产业的发展为人才提供了实践基础和创新平台,而人才为产业的发展提供了智力支撑和经济动力。实践证明,没有科学合理的人才支撑培训体系,促进文

---

① 张修翔.文化产业人才需求趋势分析[J].财经界,2012(10):274.

② 周旭霞.杭州文化创意产业人才供需预测研究[J].现代产业经济,2013(10):54.

化创意产业的发展只能是纸上谈兵。

(三)文化创意人才的整体素质与产业快速发展的需求不相适应

我国是一个人力资源的大国,却不是一个人才资源强国。数量巨大的人力资源基数,并未转化为优势的人才资源。中国的文化产业,最缺乏的就是人才。[①]由于我国高等教育过去一直没有设置文化创意产业专业,缺乏科班人才积累,在全国上下大力发展文化创意产业的背景下,各种文化创意产业业态都出现了"人才荒"。

以我国文化创意产业最为发达的上海、北京为例,有统计数据表明,"纽约文化创意产业人才占所有工作人口总数的12%,伦敦是14%,东京是15%,而目前上海文化创意产业从业人员占总就业人口的比例还不到0.1%"[②]。通过调查北京市文化创意人才状况,发现"82.9%的管理者认为创意人才比较缺乏或极为缺乏,39.6%的从业人员认为人才缺乏制约了北京文化创意产业的发展,北京文化创意产业就业人员仅占总就业人口的0.1%,与北京发展文化创意产业的巨大潜力极不相匹配"[③]。

哈佛大学商学院著名教授迈克尔·波特(Michael E. Porter)指出,创造高级要素需要进行大量的、持续的人力和物力的投资。[④]要想获得更多的高级别文化创意人才,必须持续投入大量的人力、物力。也正是基于此,构建更符合未来人才发展需求的文化创意人才培养模式,才有了更强烈的现实需求和丰厚的实践条件。

---

① 李东华.文化产业在我国现阶段的经济作用及思考[D].南昌:南昌大学,2006.

② 孙坚,孙一帆.中国创意产业发展现状分析及对策[J].企业经济,2007(9):17.

③ 赵莉.首都文化创意产业人才状况的实证分析[C]//人才蓝皮书——中国人才发展报告(No.4).北京:社会科学文献出版社,2007.

④ 高立鹏,吴铁雄.对北京花卉业生产要素竞争力的分析[J].林业经济,2010(1):111.

二、选题意义

（一）理论意义

1. 有助于拓宽文化创意人才培养的理论视野

通过"树形培养模式"的构建,把政府、高校、企业、创意者都纳入文化创意人才培养的研究视野,这将有助于形成教育学、管理学、心理学多学科交叉研究的格局。

2. 有助于推进文化创意人才培养的基础理论研究

通过"树形培养模式"的构建,将创意者作为重要的维度引入文化创意人才培养范围,强调创意者的动机、特质、自我概念培养的重要性,这将在一定程度上推进文化创意人才培养的基础理论研究。

（二）实践意义

1. 为政府、高校、企业、创意者四个系统之间的互动合作提供了理论参考

政府、高校、企业和创意者作为在文化创意人才培养有重要影响的因素,它们之间的互动机制、合作机制至关重要。"树形培养模式"为四者之间的合作互动提供了理论指导和实践参考。

2. 为高校推进文化创意人才培养改革提供了参考

高校针对文化创意人才培养的改革,多聚焦在专业、课程、师资、教学方面。"树形培养模式"通过引入政府、企业和创意者三个要素,可以对高校教育改革的深化起到推动作用。

3. 有助于提升文化创意企业在人才培养与管理方面的水平

文化创意企业在人力资源管理和培养方面是有很多困难的,文化创意人才追求自由的工作氛围,传统的管理制度难以适应,管得过紧会管死,管

得过松会涣散。"树形培养模式"为文化创意企业提供了一种新的理论参考，可以通过制定有效的制度来激发人才的创意潜能，并依据文化创意人才胜任力模型来进行效果评估。

4. 有助于政府完善文化创意人才管理、监督等方面的制度建设

我国各级政府在文化创意人才的管理、监督等制度中，方式与手段比较简单，制度环境还不完善。"树形培养模式"为各级政府在文化创意人才的管理和监督方面提供了更广、更深入的理论指导，有利于促进制度环境的完善。

5. 有助于加强文化创意人才在自我培养方面的主观能动性

文化创意人才的培养受到了政府、高校、企业的重视，但文化创意人才在自我培养方面尚不够积极，多怀有被动的被培养的心态。"树形培养模式"强调了创意者自身教育的重要性，文化创意人才这棵大树，自我培养是根。只有调动起自我培养的主动性，才可以更好地与政府、高校、企业形成能量交流，进而成长为硕果累累的创意者之树。

第二节　研究目的与内容、研究方法

一、研究目的与内容

（一）研究目的

在胜任力理论视角下，梳理国内外在文化创意人才培养中取得的成绩，反思存在的问题和不足，积极探索能够有效提升文化创意人才胜任力的培养模式。

（二）研究内容

文化创意人才的培养是一项复杂的系统工程,其中涉及诸多复杂的因素,但无论采取何种研究视角,都很难脱离与创意相关的胜任力培育问题。文化创意人才应该具备什么样的胜任力?针对这一问题的研究,有助于我们更科学、理性地找出文化创意人才群体所具备的一般胜任力,同时,也有助于启发培养主体关注胜任力因素,有针对性地实施培育。

为此,本书致力于文化创意人才创意潜能的激发和现实转换,借鉴胜任力冰山模型,探索构建能够有效提升文化创意人才胜任力的培养模式,为破解"如何培养高绩效文化创意人才"这一现实难题,提供可资参考的理念和路径,助力各方有效实施培养策略。对文化创意人才来说,这也有助于激发他们的创意潜能,从而带动文化创意产业健康持续地发展。

本书主要研究以下三个问题:

第一,目前,国内外主流的文化创意人才培育模式有哪些?具体内涵是什么?

第二,在全球视野下,以中国的文化创意产业作为一个研究案例,文化创意人才胜任力模型应涵盖哪些指标?具体指标如何解读?

第三,基于动态系统论视角,如何构建涵盖政府、高校、企业、创意者四个子系统的文化创意人才培养模式?该模式如何在实践中实施?

二、研究方法

（一）文献研究法

通过使用图书馆和网络资源,获得大量的论文、专著、期刊、研究报告,了解国内外文化创意人才培养的研究成果,对主要理论观点进行总结,在此基础上开展进一步研究。

（二）理论分析法

运用胜任力理论、三螺旋创新理论、联通主义学习理论、社会建构主义理论和学习型社会理论，对文化创意人才的培养模式进行深入分析和思考。

（三）比较分析法

通过比较美国、英国、韩国、日本等发达国家的文化创意人才培养实践，总结成功模式和实践经验，为构建"树形培养模式"提供借鉴。

（四）归纳分析法

通过调查掌握具体文化创意人才的培养与使用情况，借鉴三螺旋创新理论，分析影响文化创意人才培养的关键因素，探究影响机制，进而提出相应的理论假设。

（五）专家访谈法

走访文化创意产业专家、人力资源专家、心理学家、教育家、企业家，进行开放式访谈，并进行记载、归纳和分析，对我国文化创意人才的培养现状进行梳理，对取得的成绩和存在的问题进行反思，从中提取出影响文化创意人才培养效果的关键因素，进而针对这些关键因素构建适合文化创意人才培养的模式和策略。

第三节　技术路线与创新点

一、技术路线

本书的研究技术路线如图1-1所示：

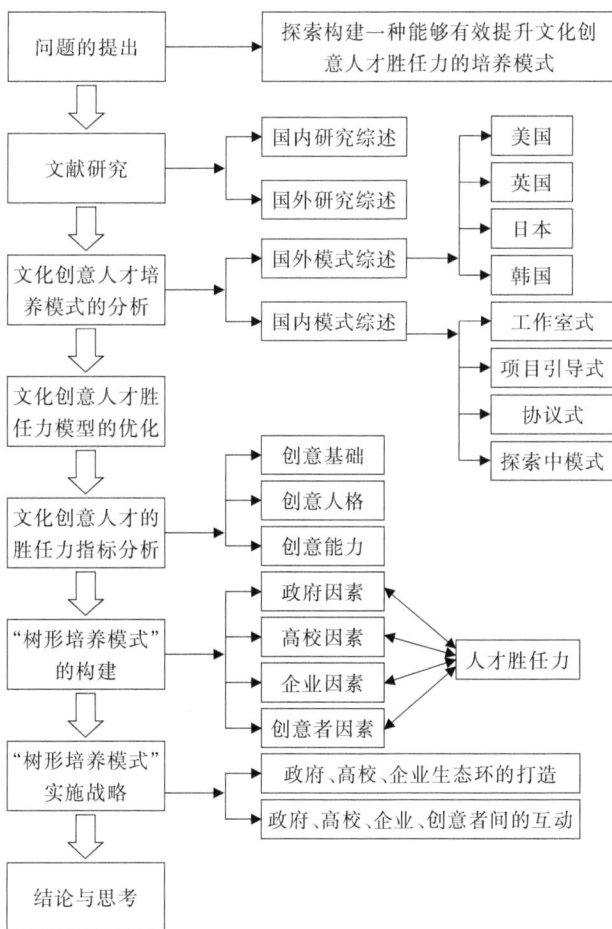

图1-1　研究技术路线

二、创新点

（一）研究视角的创新

人才培养是一个系统工程，需要政府、高校、企业和创意者的合力，才能产生最佳效果。现有关于文化创意人才培养的研究，受限于研究者自身的背景，多聚焦在高校，从学科设立、课程研发、师资配置等入手讨论如何提升文化创意人才的质量。从政府、企业、创意者三个视角进行整合研究的成果较少，从创意者自身入手的更少。梳理现有研究成果，本书从对文化创意人才培养具有重大影响的政府、高校、产业、创意者四个子系统进行研究，探索建立全方位融合互动发展机制的方法。

（二）培养模式的创新

文化创意人才培养模式的研究文献，多是谈高校培养模式，也有研究者从培养机制的角度论述政府、企业在文化创意人才培养模式中的角色和地位，但鲜有研究者论述创意者在文化创意人才培养模式中的作用。本书通过引入创意者角色，阐释在文化创意人才培养中进行创意者研究的必要性，并深入探索如何建立创意者与政府、高校、企业之间的互动机制，尝试构建一种能够有效提升文化创意人才胜任力的培养模式。

第四节　文献综述

一、国内研究综述

当前，文化创意人才的短缺已经影响到我国文化创意产业的发展，这一问题吸引了越来越多的学者致力于文化创意人才及其培养研究。2009年以来的研究成果,数量不少,但研究系统性尚待加强,基础理论体系还不完善,特别是基础研究尚未完全展开。2012年,中国人民大学文化创意产业研究所承担的"中国文化产业人才培养体系建设研究"是一个比较完整的文化创意人才研究项目,课题任务分解为中国文化产业的人才现状、人才需求与人才素质模型,中国文化产业人才培养现状、问题和人才培养战略,中国文化产业人才培养模式与人才培养体系三个子课题。①

(一)现有文献的统计分析

笔者在中国知网的文献搜索框中选择"篇名",输入"文化创意人才培养模式",共找到685条结果,通过对论文内容的分析,剔除与文化创意人才培养模式相关度不高的论文,共获得高相关度论文208篇。通过对这208篇论文的多主题分析,可以对当前我国学术界关于文化创意人才培养研究的状况形成宏观的认知。现把分析结果汇总如下:

第一,从文化创意人才培养模式论文发表年份与发表数量统计表(如表1-1所示)中可以看出,论文的数量从2006年起,呈逐年递增的趋势,在2012年达到高峰之后,一直保持较高的数值,这表明学术界对于文化创意人才的培养是持续关注的。

表1-1 文化创意人才培养模式论文发表年份与发表数量统计

发表年份	2006	2007	2008	2009	2010	2011	2012	2013	2014	2015	2016
论文数量	6	4	8	14	27	17	33	22	27	28	22

---

① "中国文化产业人才培养体系建设研究"中期检查报告[EB/OL].(2014-03-04)[2016-11-20].http://ex.cssn.cn/sjxz/xsqksjk/skdt/201403/t20140304_1010304.shtml.

　　第二,论文发表的期刊呈遍地开花的态势,尚未形成发表文化创意人才培养论文的重点学术刊物。如208篇论文就分别发表在130个期刊中。其中发稿数量最多的是《美术教育研究》,但也只有6篇;发稿数量排第二位的是《大众文艺(学术版)》《福建论坛(人文社会科学版)》,各是4篇;排第三位的是《对外经贸》《中国成人教育》,各是3篇;排第四位的是《教育教学论坛》《经营管理者》《艺术教育》《高等工程教育研究》《湖北师范学院学报(哲学社会科学版)》《学术论坛》《前沿》《创新与创业教育》《中国人才》《湖南大众传媒职业技术学院学报》《江西财经大学学报》《中小企业管理与科技旬刊》《学理论》《中国广播电视学刊》,各2篇;其余111个期刊,各1篇。

　　第三,高校学报是发稿期刊中的绝对多数,共有39个,占期刊总数的近28%。

　　第四,根据作者的职称分析,从文化创意人才培养模式论文中作者的职称统计表(如表1-2所示)中可以看出,高、中、低三级职称的作者都对文化创意人才的培养给予了关注,其中"副教授"和"讲师"是作者的主体。"在读学生"表现出的浓厚研究兴趣,与文化创意人才的年轻化和创新性特性相对应。

表1-2　文化创意人才培养模式论文中作者的职称统计

职称	教授	副教授	讲师	助教	在读学生	其他
数量	35	54	58	12	25	57

注明:(1) 一篇论文有多个作者,则分别计算;
　　　(2)"教授"包含研究员、研究馆员;
　　　(3)"副教授"包含副编审、副研究员;
　　　(4)"讲师"包含助理研究员;
　　　(5)"助教"包含实习研究员;
　　　(6)"在读学生"包含博士、硕士研究生;
　　　(7)若论文中未标明作者职称的,则归到"其他"类。

第五，根据作者的学历分析，在文化创意人才培养模式论文中作者的学历统计表（如表1-3所示）中可以看出，拥有硕士学历的作者最多。但因为部分期刊未刊登作者的学历信息，而且在归类统计中把"硕导""博导"也归入"其他类"，因此实际情况下，博士学历的作者数量应该与硕士学历的作者数量相当。这与文化创意产业的高知识特性相符。

表1-3 文化创意人才培养模式论文中作者的学历统计

学历	博士	硕士	学士	其他
数量	49	57	11	136

第六，从作者的研究方向分析，可以看到多个研究领域的作者都对文化创意人才培养给予了关注。这也说明文化产业界研究者的研究力量尚待提升，没有在文化创意人才培养的研究领域形成自身的强势地位。如208篇论文的作者涉及的研究方向就有116个。其中研究方向最聚焦的有"文化产业""文化产业管理""高等教育""艺术设计教育"，数量分别为10、7、6、4。其他研究方向为"艺术设计""思想政治教育""人力资源管理""文化创意产业""文化产业与产业经济""高等教育学研究""美术学""旅游管理"。

第七，根据论文获得基金支持的情况分析，从文化创意人才培养模式论文中受课题基金支持的情况表（如表1-4所示）中可以看出，国家各个层面的课题基金都对文化创意人才的培养给予了支持。从文化创意人才培养模式论文中受课题基金支持的层级情况表（如表1-5所示）可以分析出，省部级基金对文化创意人才培养支持的力度比较大。在标明获得基金支持的论文中，共涉及23个省（区、市），这些课题任务的发布方主要集中在教育厅、科技厅和社科联。同时，部分高校也提供了基金支持。

表1-4 文化创意人才培养模式论文中受课题基金支持的情况

论文总数	受到课题基金支持	课题基金支持占比
208	122	58.65%

表1-5 文化创意人才培养模式论文中受课题基金支持的层级情况

课题来源	国家社科	省部级	市级	校级
论文数量	12	82	8	20

说明:发表论文中标注提供基金支持的省(自治区、直辖市)包括:四川、辽宁、广东、天津、浙江、江西、广西、河南、黑龙江、湖南、河北、湖北、江苏、福建、吉林、上海、北京、云南、甘肃、陕西、安徽、内蒙古、重庆

综上所述,我们可以看到,文化创意人才的培养受到了各级政府、高校的重视,从而通过设立课题、资金支持等方式,去推动相关研究者开展关于文化创意人才培养的研究。

通过对文化创意人才培养的研究成果做内容分析,可以归纳提炼出我国现阶段在文化创意人才培养方面的几个重要研究方向和其中的研究重点。

(二)高校主导的文化创意人才培养模式研究

1. 教学、研究与产业实践相结合的文化创意人才培养模式研究

徐耀东和邵晓峰[1]、胡慧源[2]、马凤芹和王凌霞[3]、姚伟钧[4]刘志华和陈亚

---

① 徐耀东,邵晓峰.创意人才培养是文化创意产业的关键——以高校艺术设计教育为例[J].福建论坛(人文社会科学版),2015(6):133.

② 胡慧源.文化产业人才培养:问题、经验与目标模式[J].学术论坛,2014(5):52.

③ 马凤芹,王凌霞.高校文化产业人才培养策略探讨[J].教育探索,2013(6):33.

④ 姚伟钧.高校文化产业人才培养现状与创新的思考[J].福建论坛(人文社会科学版),2011(2):45.

民①、陈亚民②、华正伟③、戴卫明④、方东⑤、张友臣⑥、李一凡⑦等人通过对我国文化产业人才培养的现状进行梳理,提出要立足教学与实践,从专业设置、课程设置、教学内容、教材编写、师资力量等方面,积极推进高校教育改革,追求教学、研究、实践的三位一体,培养出适合文化创意产业需要的高素质人才。

2. 艺术设计类专业学生的培养模式研究

李洁⑧、曹惠琴⑨、项仲平和刘静晨⑩、华梅⑪、王福娟和邹宏等⑫、王丽芳⑬、靳埭强⑭等人通过对我国艺术类专业学生的培养中存在的问题的分析,提出注重以市场为导向,从创意需求培养角度出发,通过创新教学理念、改进课程体系、加强"双师型"队伍建设、改变教学模式等进行高校艺术类专业的教学。

———————————

① 刘志华,陈亚民.文化产业管理学科建设及人才培养模式初[J].中国成人教育,2011(10):24-25.

② 陈亚民.高校文化产业人才培养模式初探[J].经济研究导刊,2009(3):187-188.

③ 华正伟.我国文化创意产业人才培养模式的构建[J].沈阳师范大学学报(社会科学版),2009(3):39-41.

④ 戴卫明.论高等学校创意人才培养的问题及对策[J].当代教育论坛,2009(14):51-53.

⑤ 方东.构建文化产业管理专业人才培养模式的理论思考[J].科技管理研究,2009(2):208,191.

⑥ 张友臣.关于我国文化产业人才培养的忧思[J].东岳论丛.2006(3):31.

⑦ 李一凡.北京文化创意产业发展与人才培养模式研究[J].北京印刷学院学报,2006(4):5.

⑧ 李洁."项目驱动"式文化创意人才培养模式研究与实践[J].美术教育研究,2016(13):114-115.

⑨ 曹惠琴."工作室制"人才培养模式存在的问题及策略——以艺术类专业教学为视角[J].安顺学院学报,2015(6):44-45.

⑩ 项仲平,刘静晨.文化创意产业背景下高校艺术教育的发展路径探究[J].浙江传媒学院学报,2009(3):71-74.

⑪ 华梅.高校应加强创意人才培养[J].教育与职业,2013(13):7-7.

⑫ 王福娟,邹宏,马英华等.文化创意产业从业人员能力需求与培养模式研究[J].邢台职业技术学院学报,2012(6):44-46.

⑬ 王丽芳.艺术文化创意人才培养探析[J].教育评论,2012(1):78-80.

⑭ 靳埭强.浅谈创意人才培养[J].装饰,2011(1):54-55.

3. 创意型教育模式研究

杨燕英和张相林[1]认为,高校传统的人才培养方式缺少对创新能力的塑造,创意能力的培养需要创意型教育模式,激发、培养学生的"创意冲动""创意快乐",重视创新型人文教育,培养有原创意识和文化精品意识的内容创意人才;王一川认为,应实现文化产业专业技能与跨学科想象的互动,把专业技能的养成同跨学科专业的想象力培育结合起来。[2]

4. 创意经理人培养模式的研究

向勇[3]、何玮和陆恂斌[4]认为,文化产业人才培养的核心目标是培养具有文化产业专业思维的创意经理人,应加大对创意经理人的培养力度。

5. 文化创意产业孵化器在文化创意人才培养中的作用的研究

卜希霆和李伟[5]、殷宝良[6]认为,高校要重视文化创意产业孵化器,把它打造成培养文化创意产业人才培养的平台,让它在转化创意成果、服务创意经济,实现"产学研"合作中发挥重要作用。

(三)以企业为主体的文化创意人才培养模式的研究

在文化创意企业中,如何把握人才问题,对人才采用合适的方法进行引进、管理以及培训等成为企业关注的重点。具体形式主要集中在在职深造、校企合作和企业内训等方面。

---

[1] 杨燕英,张相林.我国文化产业创意人才的素质特征与开发[J].中国广播电视学刊,2010(9):33-35.

[2] 王一川.当代艺术创新人才及其创新素养[J].艺术百家,2011(6):26-28.

[3] 向勇.文化产业创意经理人胜任力素质研究[J].同济大学学报社会科学版,2009(5):57-62.

[4] 何玮,陆恂斌.培养文化产业创意经理人迫在眉睫[J].才智,2013(14):379-380.

[5] 卜希霆,李伟.创意的聚合与辐射——高校文化创意产业孵化器研究[J].现代传播,2009(4):105-107.

[6] 殷宝良.文化创意人才培养模式的探讨[J].社会科学家,2009(10):126-128.

王丽琦认为,企业应与高校进行定期的交流合作,要促进人才在部门之间的整合,要拓宽融资渠道,从中拨出专款给人才培养项目。[①]吴清津认为,企业应营造创意工作氛围,关注员工个体需求,制定适合文化创意产业人才的特点和需要的薪酬制度、绩效考评制度和沟通方法。[②]楼晓玲提出:企业要做好文化创意人才的培养,需要自CEO到基层主管各层次管理者的积极参与,建立符合文化创意产业人才特征的人才管理制度;企业应营造宽松、自主、尊重的组织文化,激励人才持续改进、提升和成长,为人才提供通向行业领导者地位的职业发展通道。[③]楼晓玲和吴清津从激励模式角度进行了研究,提出为了实现良好的激励效果,文化创意企业应从人力资源组织架构、物质激励、精神激励、组织文化等方面做出调整。[④]

这种以企业为主体的培养模式,为我国文化创意产业发展输送了大量实践人才,但也存在着诸多问题,如缺乏人才培养的意愿和动力,缺乏系统性,缺乏对培养内容和方式的规划设计,比较单一,等等,这些都成为我国文化创意人才发展的重大制约因素。

(四)以政府为主体的文化创意人才培养模式的研究

1. 文化创意人才培养的宏观视角的研究

王丽琦[⑤]、陈国营和许琼[⑥]从国家的视角给出建议,认为政府应该健全文

---

① 王丽琦.谈文化创意产业发展与高校文化创意人才培养[J].艺术教育,2010(12):151-152.

② 吴清津.内部营销视角下的创意人才管理[J].特区经济,2008(11):301-302.

③ 楼晓玲.创意人力管理新模式探悉[J].商场现代化,2007(15):312-313.

④ 楼晓玲,吴清津.创意人才激励[J].人才开发,2007(4):34-35.

⑤ 王丽琦.谈文化创意产业发展与高校文化创意人才培养[J].艺术教育,2010(12):151-152.

⑥ 陈国营,许琼.文化创意人才培育模式的探索——以北京海淀区为例[J].消费导刊,2008(22):42-43.

化创意产业人才培养的综合协调机构的运作机制,进行专门管理。厉无畏和王慧敏认为教育资本包括三部分:教育基础设施、创造性教育的新机制和鼓励终身教育的新政策。[1]

郑昭认为文化创意产业对人才培养是一个双向努力的过程,既需要政府给予一定的支持和引导,又需要人才自身的坚持不懈。鉴于此,提出"培养复合型、应用型人才","探索文化创意产业管理新模式","优化激励机制"和"制定合理的人才政策"的对策。[2]

李程骅和赵曙明[3]、胡建军[4]认为应从国家战略角度出发培养文化创意人才,主张重点营造能张扬创意人才个性的"创意环境";通过打造"创意生活圈"和文化创意产品市场链,强化创意人才的集聚效应;搭建创意人才直接面向市场竞争的"实验场",完善对创意人才的利益激励机制。

2. 区域性文化创意人才的培养模式的研究

一些研究人员在区域发展的背景下,提出了文化创意人才在区域文化产业中的培育路径和方式,以便满足日益蓬勃发展的区域文化创意产业的需求。对文化创意人才培养模式来说,这也是一条重要途径。

黄炜认为高校不可能也不宜以培养适用于所有文化行业的"万能型"人才为目标,而是应根据各高校办学特点和区域文化产业发展特点,进行人才培养方向的定位。[5]

---

① 厉无畏,王慧敏.创意产业新论[M].上海:东方出版中心,2009:163.
② 郑昭.文化创意产业人才培养战略研究[J].中外企业家,2009(8):100-101.
③ 李程骅,赵曙明.发达国家创意人才的培养战略及启示[J].南京社会科学,2006(11):1-5.
④ 胡建军.创意产业的发展与我国创意人才的培养战略[J].改革与开放,2007(6):17-18.
⑤ 黄炜.产学研相结合的创新型人才培养模式研究——以文化产业管理专业为例[J].沿海企业与科技,2013(1):72-73.

赵砚文和李秀然①、王洁和张春河②都对河北省文化产业人才的培养进行研究,提出"立体式培养与培训","完善人才培养保障机制","以就业为导向,设计人才培养目标","制定良好的人才集聚政策","大力开展创意人才职业培训"及"科学设置专业结构和专业方向"的建议;王天旺、马骥华和王子华③对张家口旅游文化产业人才培养提出了具体建议。

沈中禹等④提出了建构促进陕西文化产业发展推进器和人才培养最佳孵化器的建议。麦茂生⑤针对广西文化产业人才状况及问题,提出了利用"南博会"培养面向东盟国家的外向型文化产业人才等培养模式。戎霞⑥探讨了北部湾经济区高校的文化产业人才培养模式与途径,并在另一篇文章中,提出了"互联网+"视阈下文创人才的培养路径⑦。卢新文⑧通过分析淮安文化创意产业及其人才现状,提出构建"政、校、行、企"四位一体的淮安文化创意产业人才培养模式。魏然⑨从建立台湾文化产业人才培养体系的视角,提出通过政策制定与计划拟定,把基础教育导入文化创意理念,把文化教育纳入大学通识教育之中,管理部门和民间机构参与到文化产业人才培养中

---

① 赵砚文,李秀然.河北省文化产业人才培养路径研究[J].河北学刊,2014(5):225-227.

② 王洁,张春河.河北省文化创意产业人才培养模式[J].河北理工大学学报(社会科学版),2011(3):42-43.

③ 王天旺,马骥华,王子华.张家口旅游文化产业人才队伍建设问题的思考[J].大舞台,2013(1):291-293.

④ 沈中禹,王敏,李妍.基于河北文化产业发展需要的高校人才培养战略思考[J].河北青年管理干部学院学报,2012(3):107-108.

⑤ 麦茂生.广西高校文化产业人才培养研究[J].中国人才,2012(8):139-140.

⑥ 戎霞.北部湾经济区高校文化产业人才培养策略初探[J].高教论坛,2013(5):55-58.

⑦ 戎霞.互联网+视阈下区域化文化创意产业人才培养路径探析——以广西地区为例[J].西部素质教育,2016(2):13,22.

⑧ 卢新文."政、校、行、企"四位一体——淮安文化创意产业人才培养模式研究[J].中小企业管理与科技旬刊,2012(33):155-156.

⑨ 魏然.台湾文化产业人才培养体系初探[J].台湾研究,2010(3):50-54.

等方式。蒋颖和吴斌[1]，杜洁、肖红和许庆荣[2]对四川省和成都市的文化产业人才提出了对策性建议。

以上的研究归纳起来有以下共性：第一，强调政府在文化创意人才培养的主导地位，应重视大环境的营造，给文化创意人才发展提供好的条件。政府作为文化创意人才培养的主导者、支持者、监督者，应与大学、产业积极合作。第二，肯定了高校教育的重要性，并指出了行业和社会环境对人才的重要作用。第三，研究成果欠缺具体的政策建议，可操作性上有待提升。

（五）文化创意人才培养的中外比较研究

研究英国、美国、韩国、新加坡等国在人才培养模式方面的经验，总结出多个值得我国发展借鉴的领域。英国作为创意产业的首倡国，其在文化创意人才培养方面的经验得到了研究者的高度重视。

付瑞红和霍云龙通过对英国创意教育的总结与分析，提出我国应把文化创意理念的培育导入基础教育体系之中，处理好通识教育和专业教育的关系，文化产业学科应该建立在跨学科的学术研究和教学体系上，在应用、理论教学和实践操作、文化素养培育和职业技能培训等方面都必不可少。[3]

邓芳芳重点研究了英国文化创意产业人才的培养策略，认为政府应重视创新环境的营造和创意人才的培养。[4]

李程骅和赵曙明分析了英国、美国、韩国及新加坡等发达国家的经验，提出构建具有中国特色的"创意学"，把城市中的"创意产业园"搭建为创意

---

① 蒋颖,吴斌.四川文化产业人才队伍建设调查与思考[J].新闻界,2006(4):4-7.

② 杜洁,肖红,许庆荣.打破边界系统构建文化产业人才职业培养平台——成都市民间（含中专学校）文化产业人才培训机构研究报告[J].四川戏剧,2009(2):127-130.

③ 付瑞红,霍云龙.英国创意教育和文化产业人才培养模式探析[J].教学研究,2015(6):38-42.

④ 邓芳芳.论英国创意人才培养战略对我国的启示[J].艺术探索,2009(6):49-50.

人才直接面向市场竞争的"实验场",倡导创意人才的"柔性流动"。①

（六）"政产学研"培养模式成为文化创意人才培养的主导模式

以上关于文化创意人才的培养模式研究,分别凸显了高校、企业、政府在文化创意人才培养中的重要作用,但在培养实践中,三者的作用是不可分割的,处于相互影响、相互作用的系统内,这一现象已经得到研究者的重视。研究者立足实践,进行理论归纳,总结出"高校＋企业"双轮驱动、"高校＋企业＋政府"三方联动、"企业＋高校＋政府＋社会"四维互动等"政产学研"文化创意人才培养模式,并逐渐成为文化创意人才培养的主导模式。

刘斌②提出了创意产业校企协作的"学校—企业""平台—企业""工作室—企业"三类对接模式;苏娴③提出了"产教深度融合,构建'双主体'办学模式"(苏娴提出的一种把企业文化和学校文化、企业管理模式和学校办学模式、企业技师和学校教师深度融合办学模式);何萍、马立军、王明成④提出了产学研用相结合的创新人才培养模式;曹丹⑤从文化创意人才的素质特征入手,提出了"加强与企业和科研机构之间的联合,强化实践教学"的策略。

王建新认为政府对创意企业发展的支持应该优先通过对高校的财政补助来间接实现,因为企业提高产学研合作强度对人才培养产生的影响有一

① 李程骅,赵曙明.发达国家创意人才的培养战略及启示[J].南京社会科学,2006(11):1-5.

② 刘斌.文化创意产业下校企协作人才培养模式研究[J].美术大观,2016(4):173.

③ 苏娴.独立学院文化产业管理人才培养的目标定位与培养模式探究[J].中国大学教学,2015(7):66.

④ 何萍,马立军,王明成.国内高校文化产业管理专业人才培养模式问题研究[J].产业与科技论坛,2012(5):254.

⑤ 曹丹.高校文化创意类专业人才培养模式探析[J].天中学刊,2012(2):129-130.

定的滞后性。①

殷宝良认为文化创意产业的发展离不开高校与各类教育文化部门、社会培训机构和企业的合作,要建立起高校对文化创意产业链不断供给的长效机制,构建高校与产业互动的文化创意人才培养的新模式。②

二、国外研究综述

文化创意人才的核心特征是"创新创造",从人才培养的层级体系来说,文化创意人才应该位于创新型人才之下,属于创新型人才的一个核心分支。国外创新型人才的培养研究成果对国内文化创意人才的培养有很大的借鉴价值。

澳大利亚研究委员会会员、昆士兰理工大学"创意产业和创新"卓越中心研究总监约翰·哈特利(John Hartley)非常重视在创意产业中个人与群体的矛盾统一关系,认为"创意产业的概念处于发展演变的过程中,最开始它仅仅是指具有创意产出的产业集群。目前的讨论中,许多西方国家开始将创意的概念拓展到整体经济层面,并拓展到全体公民"③。

英国曼彻斯特大学大众文化研究所执行主席贾斯廷·奥康纳(Justin O'Connor)强调"生产中的创意活动由原来依附于企业内部的生产环节,逐步演变为具有营利能力的独立市场组织创意企业,并最终集聚成产业"④。

---

① 王建新.文化创意产业产学研合作人才培养的影响因素分析——基于系统动力学视域的研究[J].高等工程教育研究,2014(2):80.

② 殷宝良.文化创意人才培养模式的探讨[J].社会科学家,2009(10):126-128.

③ 约翰·哈特利.创意产业读本[M].曹书乐,包建女,李慧,译.北京:清华大学出版社,2007:7,4.

④ Justin O'Connor, Gu Xin. A new modernity? The arrival of creative industries in China[J]. International journal of cultural studies,2006,9(3):273-274.

创意产业之父约翰·霍金斯(John Howkins)提出最好将"创意产业"限定为脑力劳动占主导地位、劳动成果拥有知识产权的产业。这一提法,显示约翰·霍金斯由纯粹地关注知识产权的"产业界定说"转向与"实践界定说"的融合。[①]

(一)创造性人格的研究

国外研究文献多从心理学角度研究创新人才的培养问题,分析创新人才应具有什么样的内涵;在尊重人的个性全面发展的基础上,突出培养人的创新意识和创新能力;尤其深入研究提高人才创新能力的心理学途径,强调发挥人才自身的动机、感知等因素。

美国心理学家J.吉尔福特(J. Guilford)对创造性人格进行了总结:"有高度的自觉性和独立性;有旺盛的求知欲;有强烈的好奇心;知识面广,善于观察;工作讲求理性、准确性与严格性;有丰富想象力;富有幽默感;意志品质出众。"[②]

(二)创意能力培养的研究

国外学者把创意能力培养作为研究文化创意人才的重点。(1)关注人的创意潜能。多伦多大学罗特曼管理学院教授理查德·弗罗里达(Richard Florida)认为,我们每个人都具有与生俱来、难以置信的创意力,这是人类发展和适应环境的产物。因此,创意资本是一种无限的资源,人类在许多方面和领域都是极具创意力的。我们每个人都有可以转变为价值的创意潜能。[③]英国前文化媒体体育部(Department for Culture Media and Sport)大臣克里

① 约翰·霍金斯.创意产业的核心要素[J].石同云,译.电影艺术,2006(5):21.
② 房国忠,王晓钧.基于人格特质的创新型人才素质模型分析[J].东北师大学报(哲学社会科学版),2007(3):108.
③ Richard Florida. The rise of the creative class[M]. New York:Basic Books,2002:4.

斯·史密斯(Dhris Smith)提出,每个个体都具有其创意潜能,都有权参与到创意与文化活动中来。创意并非局限于少数有天赋的个人,而是向每个人开放。①(2)注重挖掘创意潜能并有针对性地加以培养。马克·A.伦科(Mark A.Runco)提出,一是教育者应了解每个学生的兴趣点,并据此为他们分配不同的任务;二是任务的难度不能过于超出学生的现有能力。它们主要基于两个事实,即人们只有自身对某信息感兴趣时才会接受和理解它;同时,人们只接受那些仅稍稍超出其能力的信息。②罗伯塔·M.米尔格拉姆(Robert M. Milgram)认为,在艺术、戏剧、舞蹈等领域,参加过较多具有挑战性的活动的学生,在以后的职业生涯(仍从事艺术、戏剧、舞蹈等相关领域的工作)中会有更大的可能性获得成功。③Zhu Chang 和 Zhang Lifang认为,从总体上看,所有思维风格的大学生都认为动机(Motivation)、智力(Intelligence)和个性(Personality)是形成其创造性的最主要因素,但随着专业、大学类型(国家综合性大学与地方大学)的不同,学生对此的看法存在较大差异。④(3)关注企业员工创新能力的培养。保罗·约瑟夫·埃德(Paul Joseph Eder)认为,内部动机、主要相关技能、对工作中要求的创新能力的感知、培训和可获得的资源是影响员工创新能力的最重要的几个变量。⑤从埃德对企业培养创意人才的研究来看,员工自身的内在因素,如动机、感知等在创新中发

① DCMS. A new cultural framework[R]. London:Department for Culture,Media and Sport,1998:145.

② Mark A Runco. Education for creative potential[J]. Scandinavian journal of educational research,2003,47(3):320.

③ Robert M Milgram. Challenging out-of-school activities as a predictor of creative accomplishments in art,drama,dance and social leadership[J]. Scandinavian journal of educational research,2003,47(3):305-315.

④ Zhu Chang,Zhang Lifang. Thinking styles and conceptions of creativity among university students[J]. Educational psychology,2011,31(3):361-375.

⑤ Paul Joseph Eder. Integrating the componential and interactionist models of employee creativity[D]. Newark:Faculty of the University of Delaware,2007:345.

挥着重要作用。

（三）创意阶层的研究

理查德·弗罗里达在《创意阶层的崛起》(*The Rise of the Creative Class*)一书中首先提出创意阶层的概念。弗罗里达认为，现在进入知识经济时代，新兴的创意阶层(Creative Class)逐渐成为一股强大的力量，从经济、文化、休闲娱乐等多方面影响着社会的发展。

该阶层的核心人群(Supercreative Core)是现代社会的思想领导阶层，代表人物如科学家、作家、艺术家、大学教授等；核心人群外，从事高科技、金融、法律等领域的以知识为基础的专业人员(Creative Professionals)，也属于这个阶层范畴。这个阶层的成员，从事的工作与创新、创造密切相关，他们善于捕捉时代新信息，运用创新手段，依靠创造力实现自身的价值。

弗罗里达提出了创意经济的"3T"理论，认为"技术(Technology)、人才(Talent)和宽容度(Tolerance)……对吸引创意人才、激励创新和促进经济增长都是必要的……一个真正意义上的创意中心必须同时具备这三点要素"[1]。后来，弗罗里达在"3T"理论中又增加了一个"T"，即地域条件(Territorial Assets)。

美国学者马莱特(G. Marlet)等运用荷兰在1996—2002年的数据证明了创意阶层的相对规模与就业增长、城市宜居度之间的正向联系。[2]

美国经济学家路斯(Rauch)等的研究表明，创意阶层的规模与美国城市的经济增长并不存在显著联系，但后者与城市的宽容度以及移民的相对集

---

① 理查德·弗罗里达.创意阶层的崛起[M].司徒爱琴,译.北京:中信出版社,2010:285.

② G Marlet,C van Woerkens. Skills and creativity in a cross-section of Dutch cities [C]. Utrecht:Koopmans Research Institute,2004:4-29.

中存在显著的正相关关系。①

美国学者 A. J. 斯考特（A. J. Scott）在政策分析层面指出，创意阶层的存在并不一定保证城市经济的长久繁荣，需要鼓励、动员和引导生产性的学习和创新活动。②

多伦多大学校长梅瑞克·格特勒（Meric Gertler）等的研究证实了弗罗里达的政策结论，即包容开放的环境更加有利于城市吸引知识型从业者，多样性、人才和技术活动引发的创造力提升并驱动了加拿大城市和区域的发展。③

美国经济学家本杰明·格雷厄姆（Benjamin Graham）研究发现，"地方（Locality）"本身就和地方密集的社会与文化活动一样，能够对创意人群产生视觉刺激，成为产生创意的主要来源。同时，地方声誉和传统的品牌对创意也会产生催化效应。④

在实证研究中，荷兰区域经济学家 R. Boschma 和 M. Fritsch 通过分析 7 个欧洲国家中 500 多个地区关于创意阶层的数据，指出文化创意工作与当地的就业水平、企业家精神之间存在正相关的联系。研究显示，创意阶层在整个欧洲的分布也是非常不均衡的，斯堪的纳维亚地区相对较少，而德国、荷

---

① S Rauch, C Negrey. Does the creative engine run? A consideration of the effect of creative class on economic strength and growth[J]. Journal of Urban Affairs, 2006, 2(5): 473–489.

② A J Scott. Creative cities: conceptual issues and policy questions[J]. Journal of Urban Affairs, 2006(28): 1–17.

③ M S Gertler, R Florida, G Gates, T Vinodrai. Competing on creativity: placing Ontarios cities in Noah American context[C]. Toronto: Ontario Ministry of Enterprise. Oportunity and Innovation and the Institute for Competitiveness and Prosperity, 2002: 123.

④ G Drake. This place gives me space: place and creativity in the creative industries[J]. Geoforum, 2003(49): 511–524.

兰和英国则较为集中。①

"3S"理论,即技能(Skill)、阳光(Sun)、城市蔓延(Sprawl)的提出者美国
经济学家艾德·格莱泽(Ed Glaeser)认为,地点质量(Quality of Place)对于创
意阶层具有重要意义。②

---

① R Boschma, M Fritsch. Creative class and regional growth: empirical evidence from
seven European countries [J/OL]. Economic Geography, 2009(85): 391-423. DOI:
10.1111/j.1944-8287.2009.01048.x.

② Richard Florida, Irence Tinagli. Europe in the creative age [R]. Carnegie-Mellon
Software Industry Center, 2004: 16.

第二章　相关理论基础概述

第一节　相关概念的界定

概念的界定是相关研究的基础,它可以确定研究的边界和需要。本节将对本书中的重要概念——文化创意产业、文化创意人才、人才培养模式、创意、文化创意、创意阶层、创新、创造、创造力——加以界定。

一、文化创意产业

在我国,文化创意产业(Cultural and Creative Industry)和文化产业(Cultural Industry)存在着相互指代的现象,从我国文化创意产业定义与分类比较表(如表2-1所示)可以分析出,其具体内涵基本相同。国家统计局设管司采用的是文化产业这一概念,北京、上海、深圳、浙江、台湾、香港等强调文化创意产业。

表2-1 我国文化创意产业定义与分类比较表

机构	国家统计局设管司[①]	北京[②]	上海[③]	深圳[④]	浙江[⑤]	台湾[⑥]	香港[⑦]
名称	文化产业	文化创意产业	文化创意产业	文化创意产业	文化创意产业	文化创意产业	文化创意产业
定义	为社会公众提供文化产品和文化相关产品的生产活动的集合。	以创作、创造、创新为根本手段,以文化内容和创意成果为核心价值,以知识产权实现或消费为交易特征,为社会公众提供文化体验的具有内在联系的产业集群。	以人的创造力为核心,以文化为元素,以创意为驱动,以科技为支撑,以市场为导向,以产品为载体,以品牌为抓手,综合文化、创意、科技、资本、制造等要素,形成融合型的产业链,融合文化产业与创意产业的新型业态。	以创作、创造、创新为根本手段,以文化内容、创意成果和知识产权为核心价值,以高新技术为重要支撑,为社会公众提供文化产品和服务,引领文化产业发展和文化消费潮流的新兴产业。	以知识产权的形成和应用为载体,将具有一定文化内涵的创新创意通过科技的支撑作用和市场化运作可以被产业化的活动的总和。	源自创意与文化积累,透过财产的形成与运用,具有创造财富与就业机会之潜力,并提高全民美学素养,使民众生活环境提升之产业。	涵盖一组知识型活动,通过创意及以智力资本为基本投入要素,而生产具有文化、艺术和创意内容的产品和服务。

---

① 国家统计局设管司.文化及相关产业分类(2012)[EB/OL].(2012-07-31)[2016-11-25].http://www.stats.gov.cn/tjsj/tjbz/201207/t20120731_8672.html.

② 北京市技术质量监督局.文化创意产业分类(征求意见稿):DB11/T 763—201X[S/OL].[2016-11-25].https://max.book118.com/html/2017/0421/101474329.shtm.

③ 上海市统计局.上海市文化创意产业分类目录[S/OL].(2011-09-22)[2016-11-25].https://max.book118.com/html/2017/0215/91742362.shtm.

④ 深圳市人民政府.深圳文化创意产业振兴发展政策[EB/OL].(2011-11-15)[2016-11-25].https://wenku.baidu.com/view/f2ca30d676a20029bd642d4a.html.

⑤ 浙江省文化局.浙江省文化创意产业发展规划[EB/OL].(2009-07-13)[2016-11-26].http://ishare.iask.sina.com.cn/f/334H0RDH2QB.html.

⑥ 陈波.台湾文化创意产业发展现状与前瞻[J].荆楚学刊,2016,17(5):53.

⑦ 赵自芳.香港文化及创意产业的发展经验及启示[J].人文天下,2016(11):13.

续表

机构	国家统计局设管司	北京	上海	深圳	浙江	台湾	香港
大类	新闻出版发行服务、广播电视电影服务、文化艺术服务、文化信息传输服务、文化创意和设计服务、文化休闲娱乐服务、工艺美术品的生产、文化产品生产的辅助生产、文化用品的生产、文化专用设备的生产（10个大类）	文化艺术服务、新闻出版发行服务、广播电视电影服务、软件和信息技术服务、广告和会展服务、工艺美术品生产与销售服务、设计服务、文化休闲娱乐服务、文化用品设备生产销售及其他辅助服务（9个大类）	媒体业、艺术业、工业设计业、建筑设计业、时尚创意业、网络信息业、软件与计算机服务业、咨询服务业、广告及会展服务业、休闲娱乐服务业、文化创意相关产业（11个大类）	创意设计、文化软件、动漫游戏、新媒体及文化信息服务、数字出版、影视演艺、文化旅游、非物质文化遗产开发、高端印刷、高端工艺美术（10个大类）	产业设计、信息软件、建筑景观、文化传媒、咨询策划、创意农业（6个大类）	视觉艺术产业、音乐及表演艺术产业、文化资产应用及展演设施、工艺产业、电影产业、广播电视产业、出版产业、广告产业、产品设计产业、视觉传达设计产业、设计品牌时尚产业、建筑设计产业、数位内容产业、创意生活产业、流行音乐及文化内容产业、其他经"中央主管机关"指定之产业（16个大类）	艺术品、古董与手工艺品、音乐、表演艺术、数码娱乐、电影与视像、软件与电子计算、电视与电台、资讯服务、广告、建筑、出版与印刷（11个大类）[①]

文化产业的概念，最早出现在"法兰克福学派"（Frankfurt School）的重要人物瓦尔特·本杰明（Walter Benjamin）的文章中。这篇文章《机械复制时代

---

① 王鹏.香港文化创意产业的发展及其启示[J].亚太经济,2007(6):82.

的艺术作品》(*Das Kunstwerk im Zeitalter seiner technischen Reproduzierbarkeit*)
发表于1926年,文中介绍了文化复制现象,但没有把"文化产业"这个词明确
地提出来。1947年,在《启蒙的辩证法》(*Dialectic of Enlightenment*)中,德国
的阿多诺(Thecdor Adorno)和霍克海默(Max Horkheimer)真正地提出了文
化产业(Cultural Industry)这一概念。

随着文化创意产业的兴起,从本国的实践出发,各国的学术界和实业界
提出了各自的文化创意产业的概念。这些概念的提出主要来自三个视角,
分别是经济学视角、文化视角和产业视角。每个视角的代表性专家和观点
如表2-2所示:

表2-2 文化产业概念列表

理论视角	代表性研究者	定义
经济学视角	日下公人	文化产业的目的就是创造一种文化符号,然后销售这种文化和文化符号[1](日本学者)
文化视角	艾伦·J. 斯科特	文化产业是一种集合,这一集合包括基于娱乐、教育和信息等目的的服务产出,是基于消费者特殊嗜好、自我肯定和社会展示等目的的人造产品。[2](美国学者)
	胡惠林	文化产业是一个以精神产品的生产、交换和消费为主要特征的产业系统。[3](中国学者)
产业视角	贾斯廷·奥康纳	以经营符号性商品为主的那些活动,这些商品的基本经济价值源于它们的文化价值。[4](美国学者)

① 魏来.中国文化经济的理论渊源与现代分析[D].长春:吉林大学,2012.
② 苑洁.文化产业行业界定的比较研究[J].理论建设,2005(1):62.
③ 胡惠林.我国文化产业创新体系的若干问题[J].学术月刊,2001(11):62.
④ 肖代柏.我国文化产业发展现状及对策研究[J].魅力中国,2010(12):46.

续表

理论视角	代表性研究者	定义
产业视角	金元浦	文化创意产业是在全球化的条件下,以消费时代人们的精神、文化、娱乐需求为基础的,以高科技的技术手段为支撑的,以网络等新的传播方式为主导的一种新的产业发展模式。它以文化和经济全面结合为自身的特征,是一种跨国、跨地域、跨行业、跨部门、跨领域重组或者创建的新型产业集群。它是以创意创新为核心,以知识产权为根本,贯穿生产、流通、消费等产业发展全过程的新型的产业集群,向大众提供满足其文化、娱乐、精神、心理方面的需求的新兴产业形态。[1](中国学者)
	李江帆	文化产业就是国民经济中生产具有文化特性的服务产品和实物产品的单位的集合体。[2](中国学者)

我国在2004年,由国家统计局、中央宣传部和国务院有关部门联合制定了《文化及相关产业分类》,把文化及相关产业界定为:"为社会公众提出文化、娱乐产品和服务的活动,以及与这些活动有关联的活动的集合。"[3]在2012年发布的《文化及相关产业分类(2012)》中,进一步,将其定义为"为社会公众提供文化产品和文化相关产品的生产活动的集合"[4]。

文化产业发展从成熟历程看,也可以分为两个层次:一个层次是简单再生产,属于复制型,重视的是复制创意结果,对成型文化产品进行批量生产;另一个层次强调"创造"理念,关注的是创新和变革,加大运用了人类的智

---

[1] 金元浦.我国文化创意产业发展的三个阶梯与三种模式[J].中国地质大学学报(社会科学版),2010,10(1):21.

[2] 李江帆.文化产业:范围、前景与互动效应[J].经济理论与经济管理,2003(4):28.

[3] 国家统计局.国家统计局关于印发《文化及相关产业分类》的通知[EB/OL].(2004-04-01)[2017-01-25].http://www.gxtj.gov.cn/zdbz/tjbz/201511/t20151129_61967.html.

[4] 国家统计局设管司.文化及相关产业分类(2012)[EB/OL].(2012-07-31)[2016-12-20].http://www.stats.gov.cn/tjsj/tjbz/201207/t20120731_8672.html#.

慧。人们通常把前一个层次称为传统文化产业,把后一个层次称为文化创意产业。

根据研究主题的需要,本书采用《北京文化创意产业分类》(2015征求意见稿)中的定义,即把文化创意产业的概念界定为"以创作、创造、创新为根本手段,以文化内容和创意成果为核心价值,以知识产权实现或消费为交易特征,为社会公众提供文化体验的具有内在联系的产业集群"。

二、文化创意人才

我们在探讨文化创意人才的新培养模式之前,需要明确一个基本问题:什么样的人才算是文化创意人才? 这个问题不明确,那我们的研究就会失去方向,没有目标的箭射出得再有力量也是无用之功,甚至会造成负面影响,效果南辕北辙。

国外对文化创意人才有不少创新性的理论表述,包括美国经济学家保罗·罗默(Paul Romer)的"新增长理论"(New Growth Theory)[1]、世界创意产业之父约翰·霍金斯的"创意经济理论"(Creative Economy)[2]和多伦多大学罗特曼管理学院教授理查德·弗罗里达的"创意阶层"(Creative Class)。理查

---

[1] 新增长理论是经济学的一个分支,它全力解释经济增长的根本原因。它的出现标志着新古典经济增长理论与经济发展理论的融合。这一融合的显著特点是,强调经济增长不是外部力量(如外生技术变化),而是经济体系的内部力量(如内生技术变化)作用的产物,重视对知识外溢、人力资本投资、研究和开发、收益递增、劳动分工和专业化、边干边学、开放经济和垄断化等新问题的研究,重新阐释了经济增长率和人均收入的广泛的跨国差异,为长期经济增长提供了一幅全新的图景。

[2] 创意经济也可称为创意产业、创新经济及创造性产业等。创意经济中的企业,其发展动力来自员工蓬勃的创造力和创意技能,创意经济开展的活动,通过开发知识产权创造财富并向社会提供就业机会。广告、艺术和古董市场甚至手工艺品都属于创意经济的范畴。最先提出这一概念的国家是英国,当前随着社会飞速发展,创意经济的内涵和外延都不断被扩充。

德·弗罗里达认为,创意阶层是在新经济条件下,经济发展对创意的渴求而衍生出来的一个新的阶层。他们的工作涉及制造新理念、新科技、新内容,包括所有从事工程、科学、建筑、设计、教育、音乐、文学艺术以及娱乐等行业的工作者;这些人具有创新精神,注重工作独创性、个人意愿的表达以及对不断创新的渴求;与文化艺术、科技、经济各方面的事物都有着不可分割的关系。

关于文化创意人才的定义非常多,尚无定论,本书选取表2-3中有代表性的观点进行分析,重点在于明确文化创意人才的共性特征。

表2-3　文化创意人才定义列表

代表性研究者	定义
约翰·霍金斯	创意人才是以自主知识产权为核心,以"头脑"服务为特征,以专业或特殊技能(如设计)为手段的"专精人才"。[1]
厉无畏	文化创意产业人才就是掌握较高水平的知识,具有很强的创新能力,能够运用自己的创作技能和手段把特有的表达内容和信息转换、复制、浓缩到新的文化创意产品(服务)中去,并且能够推动该产品(服务)的生产、流通和经营的人才集合体。具有富于想象、敢于创新、年轻、流动性强、价值观独特五个特征。[2]主要包括"六类行业(文艺演出管理人才、出版发行和版权贸易人才、影视节目制作和交易人才、动漫和网络游戏制作人才、会展产业人才和艺术品创作及交易管理人才)四种类型(艺术人才、设计策划人才、技术人才和经营管理人才)。[3]

---

[1] 约翰·霍金斯.创意经济:如何点石成金[M].洪庆福,孙薇薇,刘茂玲,译.上海:上海三联书店,2006:36.

[2] 厉无畏.创意产业导论[M].上海:学林出版社,2006:221-224.

[3] 厉无畏.创意产业导论[M].上海:学林出版社,2006:221-224.

续表

代表性研究者	定义
向勇	文化创意人才可分为七类：创意人才（艺术家、设计师、导演等）、技术人才（音乐制作人、录音师、摄影师等）、经营人才（社长、团长、经理人等）、营销人才（营销总监、市场推广主管等）、通路经营人才（戏院经营者、拍卖经销商等）、管理人才（经理、总编、总监等）、研究人才（教授、研究员、咨询顾问等）。[1]
李元元、曾兴雯	创意人才是通过专业技能，发挥创造能力来提供高附加值产品或服务的脑力劳动者。[2]
蒋三庚、王晓红、张杰	拥有高水平知识和创新能力，能够将自己的创作技能和手段，把特有的表达内容和信息转换为有形产品或无形服务的群体。[3]

本书所界定的文化创意人才并不是泛指从事文化创意产业工作的相关人员，而是特指从事创意型行业的，以"创造新观念、新技术和新的创造性内容"[4]为工作内容，能够创造经济价值的人才。除非特别说明，本书所论述的文化创意人才即指"艺术人才、设计策划人才、经营管理人才"。

三、人才培养与人才培养模式

本书所研究的人才培养，对应的英语是Cultivate，而不是Train，不是单指学校教育，而是泛指以提升文化创意人才的胜任力为目标的对人才的全方位培育，重点分析政府、高校和企业在培育过程中发挥的影响行为。这些

---

① 向勇.文化产业人力资源开发[M].长沙：湖南文艺出版社，2006：56.

② 李元元，曾兴雯，王林雪.基于创意人才需求偏好的激励模型研究[J].科技进步与对策，2011（12）：150-155.

③ 蒋三庚，王晓红，张杰.创意经济概论[M].北京：首都经济贸大学出版社，2009：106.

④ Richard Florida. The rise of the creative class[M]. New York: Basic Books, 2002: 67-72.

影响行为对文化创意人才的影响是终生的。

从研究现状看,研究者对人才培养模式的概念表述甚多,如表2-4所示,这些表述从不同视角出发,大致可分为十类。

表2-4 人才培养模式的概念表述列表

类别	概念表述
人才培养规范	一定教育机构或教育工作者群体普遍认同和遵从的关于人才培养活动的实践规范和操作样式,是直接作用于受教育者身心的教育活动全要素的总和和全过程的总和。①
人才培养系统	一个系统,至少应包括创新人才的培养模式和人才成长环境两大部分。创新人才培养模式是创新人才培养的核心,是在一定的教学组织管理下实施的,包括培养目标、专业结构、课程体系、教学制度、教学模式和日常教学管理;创新人才成长的环境是创新人才的保证,包括师资队伍、教学硬件和校园文化氛围。高素质的创新人才培养应该是从教师到学生、从观念到制度、从软件环境到硬件环境进行全方位、多角度的综合建设。②
教育过程总和	在一定的教育理念、教育思想指导下,按照特定的培养目标和人才规格,以相对稳定的教学内容、课程体系、管理制度和评估方式实施人才教育的过程的总和,由培养目标、培养制度、培养过程、培养评价四个方面组成。③
培养活动样式	一定教育机构或教育工作者群体普遍认同和遵从的关于人才培养活动的实践规范和基本样式。它以教育目的为导向、以教育内容为依托、以教育方法为具体实现形式,是直接作用于受教育者身心的教育活动全部要素和全部过程的总和。它反映处于教育模式之下、具体教学方法之上这样一个区间的教育现象,由培养目标、培养过程、培养制度、培养评价四要素组成。④

① 董泽芳.高校人才培养模式的概念界定与要素解析[J].成才之路,2015(15):31.

② 朱宏.高校创新人才培养模式的探索与实践[J].高校教育管理,2008(3):7.

③ 翟安英,石防震,成建平.对高等教育创新型人才培养及模式的再思考[J].盐城工学院学报(社会科学版),2008(2):64-68.

④ 王晋光.从当前大学生就业难看人才培养模式的创新[J].中国电力教育,2010(25):11.

续表

类别	概念表述
教育运行方式	在一定的教育思想和教育理论指导下为实现培养目标而采取的培养过程中的某种标准构造样式和运行方式。①
目标实现方式	学校为学生构建的知识、能力、素质结构，以及实现这种结构的方式，它从根本上规定了人才特征并集中地体现了教育思想和教育观念。②
人才培养结构	在一定的教育思想指导下，人才培养目标、制度、过程的简要组合，是为了实现一定的人才培养目标的整个管理活动的组织方式。它是在一定的教育思想指导下，为完成特定的人才培养目标而构建起来的人才培养结构和策略体系，是对人才培养的一种总体性表现。③
教学活动程序	在一定教育理论指导下，在实践中形成的将教学活动诸要素联结起来的结构和实施教学的程序与方式。④
整体教学方式	将教育思想、教育观念、课程体系、教学方法、教学手段、教学资源、教学管理体制、教学环境等方面按一定规律有机结合的一种整体教学方式。⑤
人才培养方案	在一定的人才观和教育价值观指导下形成的教育活动——人才培养方案，它是在大学理念和大学制度有机结合下才能实现的一个过程。⑥

综上所述，紧扣本书研究重点，对"人才培养模式"做出如下界定：为实现人才培养目标，在一定的教育理论指导下，以政府、高校、企业和人才为关键要素的人才培养过程的运行模型。

---

① 龚怡祖.略论大学人才培养模式[J].高等教育研究,1998(1):45.
② 教育部.关于深化教学改革,培养适应21世纪需要的高质量人才的意见(教高〔1998〕2号文件)[Z].1998.
③ 马国军.构建创新人才培养模式的研究[J].高等农业教育,2001(4):20.
④ 刘智运.改革人才培养模式,培养创新型人才[J].教学研究,2010(6):3.
⑤ 刘红梅,张晓松.21世纪初高教人才培养模式基本原则探析[J].齐齐哈尔医学院学报,2002(5):589-590.
⑥ 邬大光.关于人才培养模式的若干思考——在"应用型本科院校人才培养模式改革与创新论坛"上的报告[J].白云学院学报,2010(1):6.

四、创意、文化创意、创新、创造、创造力

创意、文化创意概念如表2-5所示:

表2-5 创意、文化创意概念列表

概念	来源	定义
创意	《现代汉语词典》(第7版)	提出有创造性的想法、构思等。[①]
	陈初友、王国英	人们行为中产生的思想、点子、立意、想象等新的思维成果,是一种创造新事物或新形象的思维方式,其本质是一种辩证思维。[②]
	丁钢、梁劲、惠红	有价值的可行的新主意。[③]
	克里斯·比尔顿	把现存元素重组为一个新的模式。[④]
	约翰·霍金斯	在个人想象力、技能才华和判断力的基础上产生的,利用已有的一些想法产生新的想法。[⑤]
文化创意	埃德娜·多斯桑托斯	包括想象力、科技创造、经济创新。想象力是一种产生原创观念的能力,能够用新的方式阐释世界,并用文字、声音和图像加以表达;科技创造包括好奇心、勇于实验的愿望及解决问题时创建新的联系;经济创新是能够引导在技术、商业实践以及市场营销等方面创新的动态过程,同时与市场竞争优势紧密相连。[⑥]

[①] 中国社会科学院语言研究所词典编辑室.现代汉语词典[M].7版.北京:商务印书馆,2005:206.

[②] 陈初友,王国英.TOP创意学经典教程[M].北京:北京出版社,1998.

[③] 丁钢,梁劲,惠红.创意内涵研究[J].重庆理工大学学报:社会科学版,2010,24(11):79.

[④] Bilton Chris. From creative industries to creative management[M]. Oxford, UK: Blackwell Publishing, 2007:161.

[⑤] 约翰·霍金斯.创意生态——思考在这里是真正的职业[M].林海,译.北京:北京联合出版公司,2011:29.

[⑥] 埃德娜·多斯桑托斯.2008创意经济报告——创意经济评估的挑战、面向科学合理的决策[M].张晓明,周建刚,译.北京:三辰影库音像出版社,2008:9.

创新、创造、创造力概念如表2-6所示：

表2-6 创新、创造、创造力概念列表

概念	来源	定义
创新	金洪波	泛指人类社会活动领域各方面的创造和改进,包括新事物的引入,如理论创新、制度创新、科技创新、艺术创新、管理创新等。[1]
	《现代汉语词典(第7版)》	抛开旧的,创造新的。[2]
	冯之浚、刘燕华、方新	知识创造、转化和应用的过程,涉及从新思想产生到产品设计、试制、生产、营销和市场化的一系列活动。[3]
创造	《辞海》	做出前所未有的事情。[4]
	A. 库伊斯特勒	一个双向联结过程,两个先前并不关联的"思想矩阵"联结生成一个新的观点或产品。[5]
	周道生	产生具有独特性和价值性成果的行为。[6]
创造力	J. 吉尔福特	代表创造性人物特征的各种能力。[7]
	林崇德	根据一定目的,运用一切已知信息,产生出某种新颖、独特、有社会或个人价值的产品的智力品质。[8]

为了论述的准确性,针对以上五个概念,本书的内涵界定如下：

创意：利用旧有想法产生创造性的新想法。文化创意：基于文化元素产

---

[1] 金洪波.关于企业内部创新模式的探讨[J].重庆三峡学院学报,2009(1):118-120.

[2] 中国社会科学院语言研究所词典编辑室.现代汉语词典[M].7版.北京:商务印书馆,2005:205.

[3] 冯之浚,刘燕华,方新,等.创新是发展的根本动力[J].科研管理,2015,36(11):1.

[4] 舒新城.辞海[M].上海:上海辞书出版社,1999:225.

[5] S R Maddi. The story of hardiness: twenty years of theorizing, research, and practice [J]. Consulting Psychology Journal: Practice and Research, 1999, 51(2): 177.

[6] 周道生.实用创造[M].南京:南京师范大学出版社,2000:13.

[7] 丁海莺,丁松滨.研究生创新能力及其形成[J].中国电力教育,2006(06):20.

[8] 林崇德.培养和造就高素质的创造性人才[J].北京师范大学学报(社会科学版),1999,(1).

生的创造性新想法。创新:一种实现创意的过程。创造:完成前所未有的事物的行为。创造力:发现和创造新思想和新事物的能力。

第二节　相关理论基础的概述

一、胜任力冰山模型

胜任力冰山模型(Competency Iceberg Model)[1]是美国心理学家莱尔·M.斯潘塞博士(Lyle M. Spencer, Jr.)和西格尼·M. 斯潘塞(Signe M. Spencer)提出的,该模型是胜任力理论(Competency Theory)的一种主流模型。

我国学者对于胜任力理论中的两个英文单词"competence"和"competency"有多种译法,如"胜任力""胜任特征""胜任素质"等,国内文献运用最多的是"胜任力"。本书采用胜任力作为"competence"和"competency"的统一译法。

胜任力研究起源于20世纪20年代,"科学管理之父"弗雷德里克·温斯洛·泰勒(Frederick Winslow Taylor)进行了"时间—动作研究",他主张管理层可以通过动作和时间来分析出员工之间业绩优劣的原因。在他的研究中,泰勒将复杂的工作拆分为一系列简单的步骤,以辨析不同工作活动对员工能力的要求。但泰勒主要关注的是智力和技能,对人的主动性和创造性缺乏关注。20世纪50年代,约翰·弗拉纳根(John C. Flanagan)也进行了相关研究,虽然他没有明确提出胜任力的概念,但他创造性地提出了一种新的考察个体行为的方法——关键事件技术(Critical Incident Technique, CIT),为后来的胜任力研究奠定了方法基础。

---

[1] L M Spencer Jr., S M Spencer. Competence at work:models for superior performance [M]. New York:John Wiley & Sons, Inc., 1993:8.

美国哈佛大学教授罗伯特·怀特（Robert W. White）在20世纪50年代末发表了《再谈激励：胜任力概念》（Motivation Reconsidered：The Concept of Competence）一文，首次提出了胜任力概念，成为胜任力正式研究的开端。[1]

美国著名心理学家戴维·麦克利兰（David McClelland）在参与美国国务院主导的设计"预测外交官实际工作绩效"的方法时，发现了一些从根本上影响个人绩效的因素，这些因素包括"成就动机"、"人际理解"和"团队的影响"，在此基础上，初步形成了胜任力的概念。在1973年，戴维·麦克利兰在《美国心理学家》（American Psychologist）上发表了《测量胜任力而非智力》（Testing for Competence Rather than for "Intelligence"）一文。[2]他指出，学校成绩、智力、能力倾向测试不能预测一个人今后的职业和生活成就，应用胜任力测量取而代之。[3]该文的发表标志着胜任力体系的正式确立。

20世纪80年代，胜任力研究成为管理学、心理学、教育学等领域的热点。20世纪90年代，西方国家对胜任力的实际应用研究形成热潮，各种胜任力模型被开发出来。我国关于胜任力的研究始于21世纪初，公开发表的研究成果最早见于2001年。[4]

总体而言，国内外关于胜任力的研究内容主要包括胜任力内涵、胜任力特征、胜任力模型、胜任力测评等。

关于胜任力的具体内涵尚无定论。本书采用如下定义：胜任力是真正影响工作业绩的个人条件和行为特征，具体是指绩优者所具备的知识、技能、价值观、能力和特质。[5]

---

[1] Robert W. White. Motivation reconsidered：the concept of competence[J].Psychologist review，1959(5)：1-14.

[2] David McClelland. Test for competence rather than "intelligence"[J].American psychologist，1973(28)：1-14.

[3] 谢晔，周军.民办高校教师胜任力模型及胜任力综合评价[J].高教发展与评估，2010(4)：2.

[4] 王建民，杨木春.胜任力研究的历史演进与总体走向[J].改革，2012(12)：138.

[5] 彭本红，陶友青，邓瑾.大学高层次人才胜任力的评价[J].统计与决策，2007(15)：143.

识别胜任力的主要方法是建立胜任力模型,胜任力模型指个体为完成某项工作、达成某一绩效目标所应具备的不同素质要素的组合,分为内在动机、知识技能、自我形象与社会角色特征等方面。[①]

根据胜任力冰山模型(如图2-1所示),胜任力由动机、特质、自我认知、社会角色四种要素构成,知识和技能恰如位于水面以上的冰山,易被评价,可以直接体现在能力上,是保证工作和实现工作绩效的前提,是对任职者的基本要求;潜在能力就像水面以下的冰山一样,把动机、特质、自我概念这些东西埋在心中,很难发现和对比。沿着冰山自上而下地深入,被培养挖掘和评价管理的难度也越大。

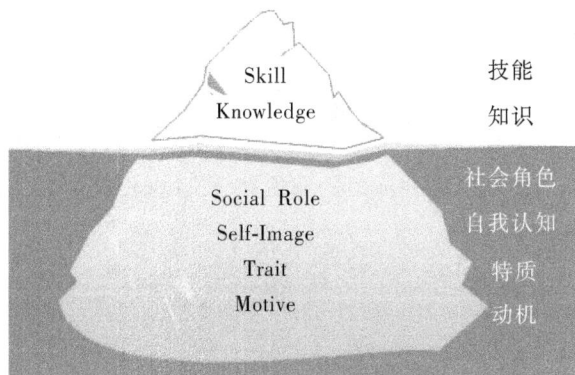

图2-1　胜任力冰山模型

识别和评估胜任力一般可以采取以下四种方法。(1)行为事件访谈法。该方法由戴维·麦克利兰教授的研究小组创造,并经过多次试用验证。行为事件访谈法采用开放式的行为回顾检测技术[②],首先让受访者在自己的工作

---

① 胜任力模型[EB/OL].(2017-02-05)[2017-02-17].http://baike.baidu.com/link? url=lkBP_TlVoxSGnzm_u83taoawibzDQ7nMr07uYzo-f7gwuQZLLw5h87i0W5K1k3YuOLzrJyNKk7qNHfR6DHwg7XDWQeiv6TloN4XqXJiI2Ee_pl27fUiF1BblD7_StzbxHU_aPSEjhwQ97gdeFiHIjK.
② 张常维.高校教师胜任力模型与绩效关系研究[D].成都:西南交通大学,2010:57.

中选出成功和不成功的事情各三件;其次请受访者对选定的事情进行详细描述;然后,对受访者的描述进行分析,对受访者在事情中表现出的胜任力,特别是潜在的个人特质,进行提炼。这也是目前研究胜任力者采取度比较高的研究方法。(2)工作分析—过程驱动方法。这种方法把研究重点放在工作过程上,研究者耐心地观察高绩效者的工作行为,记录下他们在工作过程中的点滴细节。(3)输出驱动方法。该方法以结果为导向,胜任力主要通过考试和产出获得,主要集中在工作目标、专业、团队、产出等高绩效人才产生的结果。(4)趋势驱动方法。这种方法要求受访者从未来趋势及自身适应的角度出发,让人们了解自己所从事的行业正在发生什么,未来趋势如何,会发生哪些变化,甚至有点居安思危的思考,从而迫使人们主动思考自己应该具备什么样的胜任力。

在识别出胜任力的基础上,一般通过访谈、专家会议、问卷调查、观察等方法建立胜任力模型。[①]

二、需求层次理论

需求层次理论(Hierachy of Needs Theory)是人本主义科学的理论之一,1943年,由美国心理学家亚伯拉罕·马斯洛(Abraham Maslow)在其论文《人类激励理论》(*A Theory of Human Motivation*)中首先提出。基于"自我实现的人"(Self-Actualizing Man)假设,人类需求的需求层次理论从低到高分为生理需求(Physiological Needs)、安全需求(Safety Needs)、归属和爱的需求(Love and Belonging Needs,亦称社交需求)、尊重需求(Respect and Esteem Needs)和自我实现需求(Self-Actualization Needs)。(如图2-2所示)这五种需求是人才在不同的宗教文化、民族习惯和社会制度的国家里所共有的。

---

① 刘林林,曲海英.胜任力视角下创新人格的研究进展[J].校园心理,2016,14(5):333.

图2-2　需求层次理论

　　需求是行为的原动力,动机是行为的直接动力,而激励则是激发人的内在动机的过程,也是不断满足人的需求的过程。生理需求、安全需求、归属和爱的需求、尊重需求是每一个个体都有的,被称为"缺乏型需求",只有满足这些需求,个人才能感到舒适。而自我实现需求称为"成长型需求",它主要体现在个体的成长和自我价值的实现上。

　　近年来,关于需求层次的研究发现了一些新的现象:(1)几乎每个人都有缺乏型需求不足的情况,而成长型需求不是人人都有的。特别是自我实现的需求,相当多的人没有。(2)满足需求的开始点并不一定是第一级,有时从中间或高层次开始。有时为了满足高层次的需求,个人牺牲了低水平的需求。(3)任何一种需求都不会因为满意而消失。当高层次发展被需要时,低层次的需求仍然存在。这些新发现对研究文化创意人才的需求、动机和激励有一定的帮助。

三、三螺旋创新理论

根据国内外文化创意人才培养的研究与实践,政府、高校、企业都需要被纳入研究视野。因此,在文化创意人才培养中,需要一种能够把与人才培养高度相关的几种力量有效整合起来的理论。三螺旋创新理论(Triple Helix Model)也称TH理论,就是研究高校、政府、产业之间互动关系的经典理论。产业是宏观概念,企业是微观概念,产业是由无数个生产相关产品的企业构成的。出于理论分析的需要,本书在后面论述中将采用企业来代替产业进行分析。

关于政府、高校、企业之间的互动关系,国内常用的术语是"产学研合作"。自1988年中关村科技园区成立以来,我国学者就开始了"产学研合作"研究。"产学研"的理论研究多集中在描述企业和大学(研究院所)的合作实践上,而对"产学研"三个主体的功能定位,特别是三者之间的互动机制等方面的研究不够深入。随着"产学研"合作的深入,在当前阶段,很多学者从理论基础、行为主体、合作模式和创新机制上考量,传统"产学研"理论愈来愈不适应知识经济社会及创新型国家的需求。①

从这个角度上来说,为了更好地分析政府、高校、企业之间的互动机制,学术界引入了三螺旋创新理论。三螺旋创新理论在2005年开始被系统地引进国内,自此,国内对三螺旋创新理论的研究不断升温。②

三螺旋创新理论强调了政府等其他主体的地位和作用,有效突破了传统的"产—学(研)"双主体合作模式,建立了一种非线性协同创新模式,即

---

① 张秀萍,迟景明,胡晓丽.基于三螺旋理论的创业型大学管理模式创新[J].大学教育科学,2010(5):43-47.

② 孟卫东,佟林杰.我国三螺旋创新理论研究综述[J].燕山大学学报(哲学社会科学版),2013,14(4):126.

"官""产""学"模式,从而更好地促进了"产学研"的合作和发展。

考察与创新有关的理论研究,针对大学、企业、政府三者在创新过程中的作用这一问题,三螺旋创新理论提出了严密的理论体系,对于文化创意人才的培养来说具有较强的指导意义。

三螺旋创新理论,是纽约州立大学社会学系亨·埃茨科维兹教授(Henry Etzkowitz)和阿姆斯特丹科技发展学院的罗伊特·雷德斯多夫教授(Loet Leydesdoff)对"麻省理工学院—波士顿128号公路高技术园区""斯坦福大学—硅谷科技园"进行深入研究后,在20世纪90年代提出的有关大学、产业和政府在区域经济发展中的互动关系理论。该理论利用生物学中有关"三螺旋"的理论来解释在社会经济发展中大学、产业和政府之间的互动关系,在创新过程中大学、产业、政府三方呈现出螺旋型互动关系模式,三方既密切合作,相互作用,同时每一方都保持自己独立身份。[①]三螺旋创新理论以经济发展为纽带,让大学、产业、政府三种力量互相交叉影响,协调发挥作用,最终形成螺旋上升的"三螺旋"新关系。[②]这一理论探索的是大学、产业、政府三者之间的互动关系及合作机制,很明显突破了之前的"大学—产业"、"大学—政府"和"产业—政府"双螺旋模式。

依照"三螺旋创新理论"的研究成果,大学、产业和政府除了履行其传统职能外,还承担着其他方面的职能。首先,从大学角度来说,大学是社会新知识、新技术的来源,同时,知识资本化也是大学的重要职能,例如,创立基于学术研究成果的创新公司,在产业领域发挥大学的作用。其次,企业作为生产场所,也肩负着提高员工工作技能、开展培训的职能,企业应该在内部创建具备教育性质的组织,发挥与大学相似的作用,推进知识的共享。最

---

① 亨利·埃茨科威兹.三螺旋:大学·产业·政府三元一体的创新战略[M].周春彦,译.北京:东方出版社,2005:1.

② 周春彦.大学—产业—政府三螺旋创新模式——亨利·埃茨科维兹《三螺旋》评介[J].自然辩证法研究,2006(4):76.

后，政府是契约关系的制定者、执行者和监督者，是"大学—产业"关系的重要基础（尤其遇到知识产权分配等问题），是三者之间稳定发生相互作用的保证。这方面可以参照创业投资家的运作机制，以提供公共研究基金的形式推进政府在创新方面的常规活动。通过这种三方相互作用的关系，大学、产业和政府保留了自身的原有职能及独特身份，同时扩大了各自机构的功能以实现动态平衡。如图2-3所示。

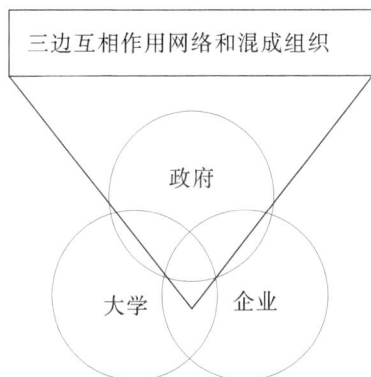

图2-3　三螺旋创新理论示意图

三螺旋创新理论认为，在大学、产业与政府之间，应建立良好的合作关系，才有助于实现多方的共赢。比如，对于在产业实践中出现的难题，大学可以进行针对性应用研究，解决实践难题，提升产业合作方的竞争力，增加合作方的经济收益；同时，这种针对实践的研究，有可能引发理论研究，形成理论突破，从而可以提升大学的理论研究实力。但大学、产业与政府三方之间的相互作用，是在一定限度内发生的，需要保持各自相对独立性，这个原则不能被轻易打破。

政府、高校、企业作为影响文化创意人才培养的关键因素，三者之间的互动机制影响着文化创意人才的培养效果，这也是本书的研究重点之一。本书将借助三螺旋创新理论，深入研究政府、高校、企业三者在文化创意人才培养中的角色和互动机制。虽然"三螺旋创新理论"是国家创新战略的经典理论,为国内学者所熟悉,但把该理论引入人才培养,特别是文化创意人才培养视域中,还处于起步阶段。本书将重点探讨在文化创意人才培养的微观视角下,如何优化产生于国家创新的宏观视角的"三螺旋创新理论"。这将是本书的创新点之一。

第三章　国内外文化创意人才培养模式的研究及启示

　　古人云:取法于上,仅得其中;取法于中,不免为下。这提示我们要构建一个优秀的文化创意人才培养模式,需要对国内外最好的文化创意人才培养模式进行深入研究,从中获得启示。对其发展现状了然于心,才能继往开来,构建出更有效的培养模式来。

第一节　国内文化创意人才培养模式的现状分析

一、我国高校文化创意产业类专业的发展现状

　　2000年10月,在《中共中央关于制定国民经济和社会发展第十个五年计划的建议》中,第一次正式提出"文化产业"的概念,要求完善文化产业政策,加强文化市场建设和管理,推动有关文化产业发展。但我国进行文化体制改革时间较晚。2003年,文化体制改革试点才在9个地区35家文化单位展开。在此之前,文化产业是事业性质,是计划经济的一部分,主要是完成国家的宣传任务。作为市场经济的一部分的文化产业没有历史的经验和积累,特别是高校教育中没有可以借鉴的教育经验。直到2004年,教育部才批准在山东大学、中国传媒大学、中国海洋大学、云南大学进行文化产业管理

本科专业试点。随后,南京大学、北京大学、中国人民大学等知名高校相继从 2006 年开设了文化产业方向的硕士点和博士点。这标志着我国对文化创意产业的研究和教学进入学科建设阶段。[1]2015 年,我国开设与文化创意产业相关的专业的高校有 100 多所。[2]近年来,考察各大高校新办专业中发展速度最快的专业,与文化产业相关的会展经济、艺术设计、广告创意、管理等专业无论是招生规模还是师资队伍、课程开发等都成长迅速,这对我国文化创意产业发展来说,是必要的人才与智力支持。

本书以《普通高等学校本科专业目录和专业介绍(2012 年)》为基础,通过分析发现,目前,除了哲学、理学、经济学、医学 4 个学科中不包含文化创意产业的相关专业,其他学科如文学、历史学、管理学、艺术学、教育学、法学、工学、农学,都或多或少有文化创意产业的专业分布,其中以艺术学、管理学、工学居多。

本书以《北京文化创意产业分类》(2015 征求意见稿)中的产业分类为依据,梳理当前文化创意产业的核心范畴和其在大学本科专业中的分布现状。《北京文化创意产业分类》(2015 征求意见稿)含有 9 个大类,33 个中类,138 个小类,可以说,几乎包含了所有的文化创意产业细类。根据是否直接体现创意的核心地位,本书在文化创意产业划分中剔除了 6 个中类,分别为"文化艺术服务"大类中的"图书馆与档案馆服务""文化遗产保护服务","广播电视电影服务"大类中的"广播电视传输服务","工艺美术品生产和销售服务"大类中的"艺术品拍卖服务""工艺品销售服务","文化用品设备生产销售及其他辅助服务"大类中的"文化用品设备的销售"。

---

① 苏竣,薛二勇.中国建设高等教育强国路线图研究[J].中国高教研究,2010(4):125.

② 全国哲学社会科学规划办公室.加快推进高校文化产业人才培养体制机制改革——"中国文化产业人才培养体系建设研究"成果要报[EB/OL].(2015-07-01)[2016-12-21].http://www.npopss-cn.gov.cn/n/2015/0701/c357478-27239038.html.

和产业分类有一定区别,高校在专业设置上通常以学科为依据,这样一来,专业与产业之间总是会产生交叉。鉴于此,本书研究本科专业时,只对应产业大类,不再细分到小类。根据《普通高等学校本科专业目录(2012年)》,截止到2015年底,全国本科专业的总数为506个,其中与文化创意产业人才培养高度相关的专业达到了70个,占总数的13.83%。在这些专业中,艺术学门类的专业最多,有28个,占比为40%。如表3-1所示。

表3-1　文化创意产业核心类别与本科专业分布现状

大类	中类	本科专业
文化艺术服务	文艺创作与表演服务、群众文化服务、文化研究与社团服务、文化艺术培训服务、其他文化艺术服务	音乐表演、音乐学、作曲与作曲技术理论、舞蹈学、舞蹈编导、舞蹈表演、表演、中国画、美术学、绘画、雕塑、书法学、公共艺术、艺术教育、戏剧学(15个)
新闻出版发行服务	新闻服务、出版服务	编辑出版学、传播学、广播电视学、新闻学、数字出版(5个)
广播电视电影服务	广播电视制播和交易服务、电影和影视录音服务	动画、戏剧影视文学、广播电视编导、戏剧影视编导、录音艺术、播音与主持艺术、广播电视工程、电影学(8个)
软件和信息技术服务	软件服务、增值电信服务、互联网信息服务、信息技术服务	数字媒体技术、电子与计算机工程、物联网工程、信息安全、网络工程、软件工程、计算机科学与技术、电子信息科学与技术、信息工程、信息与计算科学、数字媒体艺术、艺术与科技(12个)
广告和会展服务	广告服务、会展服务	会展经济与管理、文化产业管理、广告学、网络与新媒体、公共关系学、应用心理学(6个)
工艺美术品生产和销售服务	工艺美术品制造	工艺美术、宝石与材料工艺学(2个)

续表

大类	中类	本科专业
设计服务	建筑设计服务、城市规划、专业化设计服务	艺术设计学、戏剧影视美术设计、工业设计、风景园林、服装设计与工艺教育、服装设计与工程、视觉传达设计、产品设计、服装与服饰设计、城乡规划、农艺教育、园艺教育、园艺、环境设计(14个)
文化休闲娱乐服务	旅游服务、休闲娱乐服务、影像扩印服务	旅游管理、休闲体育、旅游管理与服务教育、酒店管理(5个)
文化用品设备生产销售及其他辅助服务	文化用品的生产、文化设备的生产、印刷复制服务、文化商务服务	包装工程、资产评估、知识产权(3个)

二、国内文化创意人才培养模式的发展现状分析

现阶段,在我国文化创意人才培养模式的研究中,高校研究者是主体。通过对比分析艺术院校以及综合类院校中的相关学院的培养模式,"产学研"合作培养是主流。从资源整合角度看,学校在大力吸纳行业和企业资源;从教学角度看,学校也在积极探索紧密结合实践的教学方式,以便更好地满足社会需求,为产业发展输送他们急需的人才。为此,高校不断改革教育理念,创新教学方法,为学生创建参与项目实践的机会。不少学校都创建了为学生服务的实习基地,基地与企业紧密合作,学生通过这个平台,能更深入地了解文化创意产业的面貌和本质,学习并掌握一些基本的项目运作知识,积累项目实施经验。借助实习基地,学校与企业全方位、嵌入式的合作起来,教学与学生未来就业之间产生了亲密接触,再也不是井水不犯河水的关系了。国内文化创意人才培养模式的探索,主要在高校展开,其中"工作室式""项目引导式""协议式"等模式取得了不错的成效。

（一）"工作室式"培养模式

"工作室式"起源于20世纪初德国的包豪斯设计学院的设计工作坊。工作坊的设计师开创了艺术与技术结合的新型教学模式,提出了知识与技术并重、理论与实践同步的专业人才培养理念。[①]"工作室"培养模式以学生为主体,学校内部的教师和外部专家承担了教学与指导工作,根据设计工作室的特色,规划与执行设计项目,以理论与实践相结合的教学方式,重点培养学生的自主学习能力和设计实践能力,使教学与学生就业直接对接,促进高校和设计企业的全面合作。[②]

从某种意义上讲,"工作室式"培养模式实现了理论教学与实践教学的有机结合,长期以来,理论与实践脱节的难题一直不利于高校人才培养,文化创意产业人才的培养对此更为敏感。理论教学与实践教学彼此脱节,会极大削弱学生的创意激情,而这些和他们未来在文化创意产业领域的竞争力息息相关。

在"工作室式"下,学生的实践不再流于形式主义,可以更有的放矢。创新、创意不再是纸上谈兵,而是真刀真枪。参与到这个模式中,学生的内在学习热情会得到极大激发,他们的自主学习能力也会显著提升。

选择进入哪个工作室好呢? 思考这一问题的过程,能够帮助学生给自己"把脉"——自己的职业兴趣是什么? 职业价值观有什么特色? 和同龄人相比,自己在哪个领域更有竞争优势? 自己的职业理想是什么? 职业发展路线如何规划? 借助这些思考,学生和就业市场之间的距离更近了,而他们渴望学习的心情也更迫切了。当前,很多大学生面临就业关卡时,方才悔恨

---

① 何敏."开门"造车——"工作室式"艺术设计教学模式初探[J].苏州工艺美术职业技术学院学报,2008(1):13-14.

② 唐春妮.高职艺术设计专业项目工作室教学模式的思考与实践[J].设计与艺术,2010(6):181.

自己4年来困而不学。从这个角度来说,"工作室式"能够促进更多的学生"困而学之",甚至"学而知之"。

"工作室式"模式的具体特色体现在:(1)学生可以自主选择自己在工作室里的课程,课程通过学分来管理。课程主体除了学生外,还有专业教师和行业专家,课程资源是开放的、多元的、交互的。(2)工作室和教室之间的界限被刻意淡化,"教、学、做"是一个不可分割的整体。(3)师生关系在"工作室式"下更富有生命力,实现了交互性。师生之间,除了师徒关系,还是合作关系,甚至是同事关系、合伙人关系,彼此平等,尊重个性。(4)每个工作室都和企业有深度合作,这种合作不是表面上的、形式上的,而是真正有业务内容的。学生在工作室里学习,跟企业里实战有一定的相似度。以文化创意产业为例,学生借助在工作室里的实践,能更加深入地了解文化创意的要求是什么,产业内部的运营机制是怎样的,自己如何成长才更能适合这个产业的发展趋势。(5)工作室不亚于一个小型公司,它的运作方式和公司的运作方式很相似,也包含策划、内容生产、营销、服务等几个方面。

"工作室式"模式的创新体现在:(1)以项目为导向,培养的是高技能人才。(2)课堂的内涵不再局限在教室里,学生与老师之间的关系更富有生命力,沟通更有交互性,强调彼此间的合作机制。(3)实践教学变得更有落脚点,甚至能带来真正的社会效益和经济效益。(4)课程内容与企业内容生产提前接轨,从人才培养的源头上实现跨越式创新。

(二)"项目引导式"培养模式

"项目引导式"是一种将教和学完美结合的整合力培养模式。"项目引导式"培养模式通过模拟教学与实践,让学生通过以参与文化创意项目的方式,在项目实践中学会文化创意产业中的普遍价值标准与行业规范。[1]"项

---

① 邢小刚.高校艺术类专业创新型人才培养模式改革探索[J].江苏高教,2011(6):95.

目引导式"是一种实战型模拟教学,它能让学生真正体验到一个产品是怎样生产出来的,一个流程是如何开始的、如何推进的,可能会遇到哪些困难,怎样实施能最大限度降低项目风险,获得更高利润,进而实现社会效益和经济效益双丰收。

"项目引导式"的实施重点在于:(1)设置教学任务。选择谁、不选择谁,直接影响教学效果。教师在选择项目时,要考虑项目的难度、项目的价值观落脚点、项目和课程内容的链接是否紧密等。(2)注意培养项目组成员的团队合作意识。对一个项目组来说,尽管它是学校阶段的实习,但也要体现出项目合作精神,那就是判断与协商。对文化创意产业来说,项目合作尤为重要,创意需要头脑激荡,仅仅依靠个人很难完成。"项目引导式"对文化创意产业专业的学生来说,是一种提前预热。(3)项目要有一个科学的评价体系。项目的考核不同于完成一张考卷上的试题,它需要考核者转变思维,参考企业考核指标,把提高学生的应变能力、操作技能作为重要诉求点。

在文化创意人才培养模式中,"项目引导式"具有独特的优势。以日本的高校为例,学校以项目合作的方式与企业签订合同,学生在项目实践中所产生的优秀的文化创意作品,也有机会投放到市场中,对文化创意企业来说,这也是他们培养人才的重要途径。借助"项目引导式"培养模式,高校能够真正加入文化创意产业链。

(三)"协议式"培养模式

"协议式"培养模式的具体内涵是指,为了人才培养工作正常进行,保障文化产业发展相关者的利益,合作的双方或者多方通过签订人才培养协议书的形式进行合作。①选择"协议式"培养模式的高校,首先挖掘自身的特色,结合这些特色,寻找企业以及其他合作伙伴,大家在一起落实好彼此的

① 邢小刚.高校艺术类专业创新型人才培养模式改革探索[J].江苏高教,2011(6):95.

权利、责任和义务,然后共同商订培训方案,包括设置课程、寻找师资、选择教材以及确定考核与评价体系。

(1)"单向订单式"培养。加强企业与大学之间的合作,鼓励高校根据企业的实际需求,灵活调整文化产业专业人才的培养计划,积极开展"2.5＋1.5"和"3＋1"的人才培养方案。在校学生2.5年或3年后完成学校课程,可以进入企业实习1.5年或1年。鼓励学生参与文化创意产品开发和项目建设,提高实践能力。

(2)推行双向"嵌入式"培养。双向"嵌入式"培养,是文化创意企业与高校之间的双向合作,建立文化创意产业基地的教学机制。利用这个平台,学校可以定期派学生到文化创意企业,接受训练实践;文化创意企业可以定期邀请老师和专家,对企业员工进行理论知识的培训。

其他的探索性模式还有云南的"汉堡包"培养模式、台湾的"创意的发想与实践巡回课程计划"、浙江的"ABC"型培养模式和"产业园孵化培养模式",这里就不一一详述了。

这些探索性模式有一个共同问题,它们普遍由高校来主导,与企业的合作很难深入机理中,常常是浅层次的、形式上的合作,对政府和创意人才自身的关注不够,进而影响了文化创意人才的培养效果。

第二节　国外文化创意人才培养模式的现状

具体到文化创意人才的培养模式,各个国家各具特色,需要立足本国实际,构建适合文化创意人才特性的培养模式。有关学者从培养目标、生源结构、就业去向入手,分析国外文化产业学学科建设,将其归纳为"应用型""素养型"与"战略型"三种模式。①其中,美国和英国属于"应用型",德国和法国属于"素养型",韩国和日本属于"战略型"。在选定国外文化创意强国时,本书特意选择了具有影响力的文化创意强国——美国,创意产业的最早倡议国和代表性国家——英国,中国的近邻,同时也是文化创意强国的日本和韩国。

一、美国

(一)吸纳全球精英人才

1. 高技术移民政策

美国的移民法明确规定,优先引进三类专业人员:第一为具有特殊才能的杰出研究型人才及教授、跨国公司的高级管理人员;第二为有高学历、高价值、卓越特长的优秀人才,或在科技、商业等方面有特殊贡献、创新能力的外国人员;第三为具有高超技术和经验的技术人员,且工作经验最少为两年。②这些措施为美国文化创意产业的发展提供了强大的人才动力。

新华出版社出版的《面对世界的人才之争》介绍了美国在争夺国际人才方面的努力。根据美国公布的统计数据,从 1949—1973 年,美国共吸收 22 万名(16 万名科学家和工程师,6 万名医师)外国高科技人才加入美国国籍。③在诺贝尔科学奖获得者中,美国科学家占了一半,其中大部分是美籍外国人。

2. 优秀的教育科研体制

根据英国《泰晤士高等教育》发布的"World University Rankings 2018",

① 杭敏.国外文化产业学学科建设模式研究[J].现代传播(中国传媒大学学报),2015,37(7):60.

② 张彬,杜晓燕.美国文化产业国际竞争力现状及影响因素分析[J].对外经济贸易大学报,2012(4):85.

③ 贾春峰.文化力:经济发展的内驱力[J].学术研究,1995(1):43.

世界十强大学中,至少有七所大学在美国。高等教育体系的成功和雄厚的科研实力是吸引大批外国人才去美国的关键。自1947年麻省理工学院开设创意课程以来,到2017年,已经有数百所美国大学开设了与创意相关的课程。不少人才在美国接受了先进的科学技术和管理理念,之后又选择留在美国,有力地支持了美国文化产业的创新发展。

3. 美国的文化创意企业巨头,通过开设海外公司的方式,在所在国家吸引优秀的文化创意人才

迪士尼公司(The Walt Disney Company,TWDC)、时代华纳(Time Warner Inc.)、美国维亚康姆(Viacom)等美国文化创意企业巨头,为了抢占世界市场,纷纷在多个国家建立分公司。通过在当地建立分公司,这些企业不仅能够获取当地市场的收益,还能把当地的优秀文化创意人才吸收进来。

如迪士尼公司,除了在美国外,还在法国、日本、中国建立了分支机构,如巴黎迪士尼度假区、东京迪士尼度假区、香港迪士尼度假区和上海迪士尼度假区。

同时,雄厚的资金、广阔的发展前景也是影响美国文化创意产业吸收世界优秀文化创意人才的重要因素。此外,广泛的文化氛围,鼓励创新和良好的环境,更是引进和保留各类文化创意人才的强有力的支撑。

(二)培育精英人才

为了提高国家的技术创新能力和竞争力,美国的《普及科学——美国2061计划》(Science For All—Project 2061),提出了以创新精神培养人才的目标。自20世纪90年代以来,美国高校就坚持教育创新理念,逐渐形成独具特色的创新人才培养模式。根据世界银行的统计,1967年美国人口2亿,约占世界人口的1/30,但美国的工程师数量占全球的48%,研究生数量占全

球的一半,博士生数量占全球的57%。[①]

　　研究发现,美国文化创意产业人才主要集中在创新、创意型文化创意产业上。同时,美国政府把文化创意产业的理论研究也视为重中之重,因而大力培养文化创意管理人才,有意识地加强与文化创意产业有关联的其他学科建设。

　　根据文化创意产业发展的实际需要,美国通过多种方式培养高素质的文化创意产业人才。例如,为了培养高素质、高水平的文化创意管理人才,在全国30多所高校设立了艺术管理、文化管理等专业。

　　美国各级政府在自己的管辖范围内,充分调动大学的专业优势,鼓励学校与文化创意企业合作,基于需求建立独特的文化创意产业人才培养体系。例如,纽约伦斯勒理工学院开设的培训课程,跨越计算机动画、游戏、音乐等专业。

（三）创意经济人才链的构建

　　在培养机制上,美国注重以创意产品、产业为导向的创意经济人才链的构建,重点培养"创意核心群",同时聚集"创意专业群"。前者的工作完全与创意融为一体,如电脑软件设计、图书出版、媒介经营、娱乐产品等;后者的工作则需创意的支持、支撑,如技术管理、金融操作、法律服务等。

（四）强大的制度结构

　　美国强大的制度结构体现在以下三点:一是有适合文化创意企业生长的新体系,如热衷于文化创意产业风险投资的金融体系、持续增长的研究费用等;二是有不断创新的、高效的货品与服务生产模型,如能让员工发挥创意的工作环境、弹性的生产方式等;三是有利于创意产生的社会、文化与地

---

① 张晓鹏.美国大学创新人才培养模式探析[J].中国大学教学,2006(3):8.

理氛围,如吸引创意人才的生活方式与鼓励前卫艺术的文化制度,能宽容失败。[①]

(五)高效的人才配置

美国政府主要靠法律手段对文化创意人才的流动和人才市场进行调节与规范。市场机制在文化创意人才配置中切实发挥基础性作用,在法律允许的范围内,比较充分地发挥了作用。

文化创意人才配置达到了高度市场化,文化创意人才可以按照个人意愿和工作能力自由地寻找工作、选择岗位,确定受聘时间。用人单位可以通过人才中介机构刊登广告、网上查询、亲朋好友或者员工推荐等不同的形式招聘合适人才,可以根据经营情况,自主决定雇用人数,依照聘约随时解雇员工。

二、英国

(一)完备的人才培养政策体系

英国作为创意产业的最早倡议国和代表性国家,其完备的人才培养政策体系发挥了重要作用。英国创意产业特别工作小组(The Creative Industries Task Force)在1998年和2001年分别出台了《英国创意产业路径文件》和《英国创意产业专题报告》,明确地指导英国创意产业发展和人才培养问题,对人才培养的阶段、目标、任务和相关政策措施等一一做了细化。[②]至今,英国已经建立了包括高等教育、继续教育和研究机构的文化创意人才培养网络,成立了研究成果转化团队、技能和企业家训练团队。

---

① 胡建军.创意产业的发展与我国创意人才的培养战略[J].改革与开放,2007(6):17.
② 程坚军.对我国文化创意产业发展及人才培养的思考:以英国文化创意产业发展为例
　[J].中国广播电视学刊,2010(7):77.

（二）把创意作为教育体系的核心

英国的创意教育在世界上首屈一指，全英国开设的创意类专业学位课程高达37000多个。英国政府为了帮助孩子和他们的老师参与到创意项目中来，制订了"创意伙伴计划"，通过该计划培育和激发孩子们的创新意识和创新精神。在英国，每一个孩子从12岁开始研究设计理念，设计课程已经成为从小学到大学的必修课。英国的许多高等院校提供创意产业的学位，不仅管理方式与政府"打通式"的行政管理方式一致，而且专业方向的划分也与政府的产业分工一致。各学校会根据自己学校的特点和所在城市的实际情况进行一些调整和改变，或者偏向设计，或者偏向文化管理，等等。在教学中，各学校重视实践的作用，大多数学位课程要求在工作坊完成半年到一年的学习时间。[①]

英国政府专门为14—19岁的学生设立"创意媒体文凭"，使学生认识到创意能力是从事文化创意产业工作的基石，从而塑造重视创意的社会氛围。[②]

"创意伙伴计划"是由英国文化、媒体和体育部及创新、大学与技能部资助的文化创意教育计划，旨在面向弱势群体青年重新分配文化资源，并通过开发其文化创意潜能影响英国知识经济的未来与繁荣。[③]

---

① 曹金焰.文化创意在城市发展与人才培养中的作用——以英国文化创意产业为例[J].新闻与写作,2016(2):105.

② David Guile. Access learning and development in the creative and cultural sectors: from "creative apprenticeship" to "being apprenticed"[J]. Journal of education and work,2006,19(5):433-453.

③ DCMS. Creative industries mapping document[R]. London:Department for Culture, Media and Sport,2001:10.

（三）政府资金的强力支持

1. 高等教育创新基金

英国政府通过创建"高等教育创新基金"（Higher Education Innovation Funds）与高等教育、企业和社会类似基金相结合，支持在大学周围建立各种科技网络。同时，"高等教育创新基金"还设立专门机构，支持在大学内从事专利的申请和保护、公司的建立和市场开拓活动，推动在英国大学周围形成高科技网络群。[①]

2. 创意产业就业计划

为了鼓励更多的英国年轻人参与到创意产业中，英格兰艺术委员会（Arts Council England）从2013年开始，启动了为期两年的"创意产业就业计划"。英国艺术委员会拨款1500万英镑，为6500位16—24岁的年轻人（毕业生及在校生）提供资金支持，支付他们在创意机构、企业实习和在职培训的费用，帮助他们提升文化和艺术技能。"创意产业就业计划"对年轻人的实习工资标准做了明确的规定，如每周实习30小时、实习26周的最低工资标准为2500英镑。对于不在"创意产业就业计划"覆盖范围内的费用，也不完全由企业自己承担，企业可以根据具体情况，向政府申请适当比例的配比基金。例如，如果一家公司雇用的员工总数少于1000名，并且在上一个年度没有接受实习的年轻人，该企业就可以向英国学徒服务局申请拨款1500英镑。[②]

（四）政府多部门及机构的协调合作

2008年，英国文化、媒体和体育部，以及创新、大学与技能部共同颁布了

---

① 曹金焰.文化创意在城市发展与人才培养中的作用——以英国文化创意产业为例[J].新闻与写作，2016(2)：105.

② 郑菁.英国资助年轻人投身创意产业[N].中国文化报，2013-12-19(10).

《创意英国：新世纪的新人才》报告，其中的主题之一就是为所有孩子提供创意性教育。[①]

（五）形式多样的培养体系

英国采用的是注重自由的创意理念和产业化推广相结合的培养体系。在政府部门的牵头倡议下，英国的文化创意公司与国内高校合作，比如共同设立"创意产业高等教育论坛"（Creative Higher Education Forum），不定期地邀请专家学者来讲课，培训文化产业行业精英，帮助行业精英更准确地把握住瞬息万变的文化市场信息，培养企业家和高级管理人员的国际战略眼光，提醒他们重视文化市场里的重要机会。

英国创意与文化技能委员会（Creative & Cultural Skills Council）还提出为电影、电视、多媒体等行业的从业人员在高校举办为期三年的人才再造项目。该项目的培训对象，不仅关系到企业中从事企业管理、市场营销管理的中层文化管理人才，而且包括在人才结构中"金字塔"底部的工作人员。[②]

此外，英国还专门成立了创意产业学术中心（Academic Hub），这个中心的服务对象是14—25岁的青少年，为他们提供创意技能培训。

（六）营造能够激发全民创意的公共环境

英国非常重视公共设施建设，让国民有机会接触创意生活，享受创意生活，因而开放了更多的博物馆，将博物馆所有的档案数字化，通过教育和培训，支持国民的创新发展。[③]国民置身在充满创意的公共环境中，内心的创

---

① 付瑞红，霍云龙.英国创意教育和文化产业人才培养模式探析[J].教学研究，2015(6)：38-39.

② 王涛.英国："创意"推动文化产业发展[N].经济日报，2011-11-17(7).

③ 喻翠玲.英美创意产业发展对中国的启示[J].重庆工商大学学报（西部论坛），2009(2)：74.

意潜能会得到更充分的激发。这对创意产业的发展来说,无疑是坚实基础。

三、日本

(一)重视内容产业人才的培养

在日本的文化创意产业发展中,人才起到了核心作用。在日本,不仅有各种各样的人才培养课题,而且有大量的学校设立专门的学科,以培养文化创意产业专业人才。

日本通过"创造性科技立国"这一政策,实施了"21世纪卓越研究基地计划",该计划旨在培养一批世界顶尖的科技创新人才。为此,日本文部科学省每年从50所大学中选出100多项重点科研项目,且从2002年起,每年补贴金额为1亿—5亿日元。[①]日本知识产权战略本部于2005年6月公布了《知识产权推进计划2005》[②],对创新人才培养来说是关键性的支持。近年来,日本一些高等学校开始设立内容跟产业相关的专门学科,如艺术表达、形象造型学等,培养出不少创新型人才,为日本文化创意产业的发展提供了大力支持。

日本高度重视培养动画与漫画产业人才。对以振兴日本动画与漫画产业为目的的高等院校,日本政府成立民间社会事业组织动画与漫画产业振兴协会,给予强有力的支持。

(二)重视知识产权的保护与市场开发

日本政府大力保护文化创意人才的知识创作,保障从业者的合法权益,这些举措大大激发了业内人士进行知识创作的积极性,为推进日本文化创

---

① 张辉.美、日、欧创新人才培养研究综述[J].亚太经济,2010(3):71.
② 陈萍.文化软实力的经济学分析[D]北京:吉利大学,2010:132.

意产业的快速发展做出贡献。

（三）举办多种评奖活动

日本政府通过举办多种形式的评奖活动,重点表彰文化产业领域的带头人和发挥引领作用的人物。例如"AMD年度娱乐活动内容奖""日本文化厅媒体艺术节"等,都是典型的文化创意产业评奖表彰活动,这些活动对日本文化创意产业的从业者给予了极大的激励,激发了业内人士的创意潜能,进一步推动了文化创意产业向前发展。

（四）重视海外人才交流

日本高度重视对外交流,通过与欧洲和美国的文化交流发现自己的不足,明确自己的优势,从而取长补短,不断提升其文化创意产业的影响力,在某些领域引领了世界文化创意产业的潮流。

日本政府和非政府组织建立了吸纳海外人才的计划,面向全球公开招聘人才。为了吸引更多的人才支持日本文化创意产业发展,自2007年起,日本政府为外国留学生提供了专项奖学金,以保证更多的文化创意产业人才聚集在日本。

四、韩国

（一）多元的培养方式

在文化创意人才培养模式上,韩国采取了多元化的路径,除了高校这条途径,他们还非常重视网络等教育平台,在这些平台上展开培训,建立起专门的文化创意产业人才库。

为了推动产、学、研合作机制的开展,韩国专门成立了负责制定和协调韩国的文化创意产业人才培养计划的"CT产业人才培养委员会",该委员会将传统的培训模式和新的培训模式相结合,对文化创意产业人才进行多元化、全方位的培养。①

韩国把人才的培养与产业的发展结合起来,推出了许多具体的措施培养文化创意人才:支持非正规教育,如韩国首尔青少年职业训练中心;设立民间中介组织韩国创意银行(Korea Idea Bank)财团法人,如韩国文化产业振兴院(KOCCA)旗下设立"1人创造企业育成支持中心";举办创业展会,建构创意生意银行(Idea Biz Bank)提供咨询服务。

(二)政府资金的大力支持

为了培养文化创意产业人才,促进内容产业创新发展,韩国政府投入了大量资金,用于抓紧培养复合型人才,完善人才管理系统。例如从2000—2005年的5年多时间内,韩国一共投入了2000多亿韩元。②

(三)加强教育机构的监督和管理

为了规范对进行文化创意产业教育的机构的管理,韩国政府特别成立"教育机构认证委员会",不仅对进行文化创意产业教育的机构进行认证,而且加强对文化创意产业人才培养机构的监督管理,同时也对优秀文化创意人才进行奖励和提供财政支持。

(四)加强专业资格培训

韩国高度重视对文化创意人才的专业资格培训,通过政府委托的形式,由第三方专业机构执行对文化创意产业从业人员的资格培训。这种培训提高了文化创意产业从业人员管理的标准化、规范化水平。

---

① 李美智.韩中文化产业发展比较对中国的启示[D].上海:华东师范大学,2011:54.
② 马可佳.人才成文化产业"倍增计划"的瓶颈[N].第一财经日报,2012-03-01(6).

（五）重视海外人才交流

韩国政府希望培养具备世界一流水准的文化创意产业人才,为此,他们高度重视与发达国家的合作与交流,经常会选拔优秀人才去美国、日本、澳大利亚等国家进行学习、研修。

美国、英国、日本、韩国文化创意人才培养模式要素如表3-2所示。

表3-2　美、英、日、韩文化创意人才培养模式要素列表

国别	政府的作用	高校的作用	产业的作用
美国	高技术移民政策; 有利于创意产生的社会、文化与地理氛围。	独具特色的创新人才培养模式。	热衷于创意产业风险投资的金融体系; 创新的、高效的货品与服务生产模型; 人才主要集中在创新、创意型文化产业上。
英国	完备的人才培养政策体系; 英国创意产业特别工作小组; 《英国创意产业路径文件》; 《英国创意产业专题报告》; 激发全民创意的公共环境。	把创意作为教育体系的核心; 高等教育创新基金; 创意合作关系计划; 创意产业学术中心。	创意产业就业计划; 创意产业高等教育论坛; 人才再造项目。
日本	《知识产权推进计划2005》; 动画与漫画产业振兴协会; 重视知识产权的保护; 重视海外人才交流。	21世纪卓越研究基地计划; 大量的学校设立了专门的文化产业专业人才培养的学科。	开展多种形式的评奖活动。
韩国	CT产业人才培养委员会; 重视海外人才交流; 文化创意产业人才库。	抓紧培养复合型人才; 完善人才管理系统; 建立教育机构认证委员会。	加强对文化创意产业从业人员的专业资格培养。

资料来源:根据本研究整理所得。

第三节 国外文化创意人才培养模式对
我国的启示

国家间不同的政治体制、经济体制和社会环境,导致文化创意人才培养的具体举措各有不同。但文化创意人才培养的目标是一致的,核心在于激发人才的创意潜能。因此,各国可以根据本国文化创意产业的发展需要,相互借鉴人才培养的有效方式。我国作为文化创意产业的后发国家,在文化创意人才培养方面,可以从国外发达国家借鉴很多。根据前文对美、英、日、韩四国的专题分析,可以简要地分为两大类型,即美国属于"市场驱动型",英国、日本、韩国属于"政府主导型"。从现阶段判断,我国也属于"政府主导型"的培养模式,因此应加大对英、日、韩的研究力度,从中发现可以引入国内的培养理念、模式或方法。从优化我国文化创意人才培养模式的角度分析,可以得到的启示主要有以下几点。

一、政府层面

(一)制定完备的人才培养政策体系

文化创意人才的培养是一个复杂的多元互动系统,需要政府、高校、产业等方面的参与和支持。英、日、韩的实践证明,政府作为文化创意人才培养活动的引导者、协调者与保障者,应通过法律、政策、制度等形式,制定完备的人才培养政策体系,从而有效协调各方的力量,在文化创意人才培养上形成合力,以引导社会形成有利于文化创意人才发展的舆论氛围和公共环境。

（二）政府资金的大力支持

文化创意人才需要具备渊博的知识和宽广的知识结构,这需要长时间的教育才能获得;同时,创意人才需要及时掌握最新的知识,因此必须坚持终身学习的理念,坚持工作、学习、生活三位一体,而要实现这些,人才需要花费大量的资金。如果资金不足,人才的培养就会受到限制。英、日、韩的实践证明,政府应为文化创意人才的培养投入大量的资金,为有理想的人才提供发展所需的培训和支持。

（三）重视知识产权的保护

文化创意进行产业化的基础是对创意成果的知识产权保护,保护得当,文化创意人才的创意激情才会被激发和保护;保护不当,就会伤害文化创意人才的创意激情,甚至会熄灭创意之火。因此需要高度重视对文化创意人才的知识产权保护,制定完善的法律和制度体系,并安排合理的部门执行到位。

（四）举办各类评奖活动

文化创意人才属于追求自我实现的群体,高度重视社会和行业的认可,单纯的物质获取不能满足文化创意人才的需求。因此政府、高校、媒体应发起举办以文化创意人才为主体的评奖活动,让文化创意人才赢得荣誉与尊重。精神上的满足是文化创意人才保持创意之火的能量源。这方面日本做得比较好。

（五）加强海外人才交流

文化创意产业是全球性的产业,各个国家或地区的文化资源都会成为文化创意的素材,同时,不同的文化传统会培育出不同的创意模式。为了更好地推进文化创意产业的发展,需要文化创意人才具备国际视野,这就要通过海外人才交流来实现。海外人才交流是双向的,一是选拔国内优秀的人才去国外进行学习和工作;二是吸引国外的优秀人才来本国学习和工作。无论是国内的还是国外的人才,都可以吸引到本国的文化创意产业中来。这一点,美、英、日、韩都高度重视。

二、高校层面

(一)构建以创意为核心的教育体系

文化创意人才的基本特性体现在创意上,创意能力的高低决定了文化创意人才的专业水平。美、英、日、韩的实践都证明,文化创意人才的教育应聚焦在激发学生的创意潜能上,从幼儿教育到学历教育,都要以创意为核心,在教学内容、教学方法、师资培养、教育价值取向、实践、培训渠道等方面形成良好的教育体系。

(二)加强对教育机构的监督和管理

文化创意产业的教育机构作为文化创意人才的培训教育主体,其质量和水平的高低直接决定着文化创意人才的培养质量。因此,需加强对该类机构的监督与管理。我们可以借鉴韩国的经验,成立管理文化创意人才培训教育机构的专门机构。

三、产业层面

(一)建立和完善文化创意产业风险投资的金融体系

文化创意人才的成功来自其创意成果在市场中的转化,转化成功不仅可以为文化创意人才带来可观的经济收益,更能在精神上给予人才极大的满足。而文化创意的市场转化具有很大的风险,传统的金融机构不能满足文化创意人才的这种需要,因此,应建立专注于文化创意产业风险投资的金融体系,并在实践中不断完善。这一点,美国做得比较好。

(二)加强对文化创意产业从业人员的专业资格认证

加强对文化创意产业从业人员的专业资格认证,可以从两个方面促进文化创意人才水平和能力的提升。一是引导有志于文化创意的人才加强自我学习,不断提高自身能力,从而可以获得专业资格;二是获得专业资格认证的人才将获得更大的市场竞争力,无论在就业还是在创业上,都会有一定优势。这点韩国做得不错。

综上所述,国外文化创意人才培养模式对我国的启示是多方面的,特别明确了政府、企业、高校在文化创意人才培养中的重要地位,是构建文化创意人才培养模式的必要因素。本书将在下节对政府、高校、企业在文化创意人才培养中的作用及三者间的互动关系进行分析。

第四节　创意者
——文化创意人才培养模式的第四维

近年来,政府、高校、企业对于文化创意人才培养的重要作用和合作机制,得到了学术界和产业界的一致认可。大家不仅进行了深入研究,还将具体的举措付诸实施,并取得了一定的效果。

我国政府对文化创意产业的发展给予了重点扶持,其中就包括对文化创意人才的培养。此外,在政府的倡导与具体推动下,高校加大了对文化创意人才的培养力度,围绕着学生的创新能力进行教育改革,对专业的设置、课程的研发、师资选拔与培训、教学方法的实施进行了大量研究,提出了很多改革思路,也取得了一定的成效;对于文化创意企业来说,文化创意产业的蓬勃发展以及同业竞争的压力,加大了文化创意人才的引进和培养力度,有助于不断提升文化创意人才的工作环境,优化管理流程,改进激励机制,为文化创意人才提供更好的发挥空间。特别是随着文化创意企业的上市,文化创意人才的企业发展平台有了大的提升。可以说,对文化创意人才培养影响最大的三个要素——政府、高校、企业,都加大了对文化创意人才培养的推动力度,它们做了很多具体工作,也取得了部分成果,但为什么我国文化创意人才的培养还是不能满足我国文化创意产业发展的需要呢?

这是因为政府、高校、企业三方间有效的合作机制还不成熟,三方在文化创意人才培养中的职能和角色没有明确,等等,最终的效果没有达到预期。这就要求我们加大对政府、高校、企业三方之间的互动机制的研究,总结出规律性的原则和措施,保证三方的努力形成合力,从而在文化创意人才培养中产生良好的效果。

要研究政府、高校、企业之间的互动机制,需要引入国家创新领域的一个经典理论——三螺旋创新理论。

根据三螺旋创新理论,政府、高校、企业三方力量在国家创新过程中应该密切合作,相互作用,同时每一方都保持自己的独立身份。[①]假设其中一个螺旋发展比较弱,不能跟另外两个螺旋协调对接,或者两个螺旋都发展比较弱,没办法与另外一个发展较快的螺旋实现同步运转,那么,这个三螺旋机制会发生什么问题呢?还会有效运行吗?运行效率还会如预期吗?甚至这三股螺旋之间会不会因为对接不理想,而产生相互损耗呢?

那么,怎么样才能避免这类情况的发生呢?

首先,三螺旋虽然身份不同、各有任务,但他们之间有合作的基础,那就

---

① 亨利·埃茨科威兹.三螺旋:大学·产业·政府三元一体的创新战略[M].周春彦,译.北京:东方出版社,2005:1.

是为社会创造价值、提供服务。正因为这个基础,三螺旋创新理论才有产生
的必要。

其次,三螺旋——政府、高校、企业在合作中,彼此地位平等,具有自身
独立性,具有独立意识和主观倾向,因此必须彼此互动起来,形成多层面的
沟通、交流、合作,才能发挥出三螺旋创新理论的精髓与本质,政府、高校、企
业之间的合作制度安排才能重塑。

在三螺旋创新理论的指导下,在文化创意人才的培养中,政府、高校、企
业发挥了重大作用,角色和职能也进行了相应的调整,三者的合作机制具体
表现为:

政府扮演的角色既是文化创意人才培养政策的制定者,又是监督者。
政府围绕着国家宏观发展目标,指导着高校和企业在文化创意人才培养活
动中的方向。与政府角色对应的功能体现在:(1)制定文化创意人才方面的
法律和政策,完善制度,从国家发展的战略高度,设计文化创意人才培养方
案,明确文化创意人才培养目标,指导高校、企业、创意者的行为,约束三方
间的合作,形成以创新为荣的法律制度环境。(2)利用税收、资金的手段,设
计多个层面的激励机制,通过税收优惠、税收减免等方式,引导企业和高校
的文化创意人才培养行为;通过专项资金、基金的形式,对企业、高校、创意
者的行为进行必要的干预和调整,从而营造和谐的合作环境。(3)利用自己
的监督者角色,整合相关资源,培育文化创意消费市场,引导文化创意消费,
提高文化创意人才的培养效率。

高校扮演的角色是文化创意人才的生产者、社会的教育者、政府和企业
的咨询者。高校的教育服务要满足政府、企业、受教育者三方需要,在实现
社会、企业、受教育者的对接中,必须不断创新文化创意人才培养模式,促进
文化创意人才培养改革。与高校角色相应的职能可以体现在:(1)按照政府
的文化创意人才培养规划和文化创意企业的人才需求培养社会与产业发展
所需要的文化创意人才。(2)为有志成为文化创意人才的学生和其他受教育

者提供教育培训服务，设计针对性课程，配备合格师资，通过新颖有效的教学方式，提供高品质的教育服务，令受教育者无论在知识方面还是个性方面，都能得到充分满足。(3)为文化创意产业发展提供智库服务；为政府推进文化创意产业发展提供法律制定、制度设计的专题研究，提出解决方案；为文化创意企业的人才培养提供技术开发与咨询等服务。

企业扮演的角色是文化创意市场需求的发现与培育者、文化创意产品的生产者、文化创意人才的培训和使用者。企业的职能可以概括为：(1)发现市场、培育市场、引导市场，根据市场的变化，组织生产适销对路的文化创意产品。(2)积极参与大学产品教学与培训等，实行产学研合作，与高校一起培育文化创意人才，吸收高校各类创新资源，提高创新能力和竞争力。(3)检验生产经营活动的经济效益和社会效益，促进和推广文化创意人才培养活动。

在文化创意人才培养中，政府、高校、企业三方的接触界面越大，联系越紧密，协同程度越高，人才培养的质量和效率就越好。

通过考察文化创意人才的培养过程和评价文化创意人才的培养质量，我们发现三螺旋创新理论在文化创意人才培养视野中出现了"水土不服"，即政府、高校、企业三方按照三螺旋创新理论的指导，各自做好自身角色调整，努力履行自身职能，文化创意人才的培养效果却依然不甚理想。这除了政府、高校、企业三个方面自身执行不到位，三方的互动效果需要提升外，三螺旋创新理论本身的局限性也是一个重要原因。

首先，三螺旋创新理论是研究大学、产业和政府在区域经济发展中的互动关系理论，是国家创新战略的主流指导理论，理论采取的是宏观视野，而文化创意人才培养则是微观视野，把三螺旋创新理论引入文化创意人才培养领域，就面临着理论视野转换的问题。

其次，现阶段我国在文化创意人才培养方面，多注重知识技能的提升，忽视价值观、创意人格、工作态度的培育，这势必影响培养的实际效果，事倍功半。而三螺旋创新理论关注的是政府、高校、企业三方的互动,研究的只是宏观层面的关键影响要素,对文化创意人才本身关注不够。也就是说政府、高校、企业三方虽然很重要,但缺少了文化创意人才自身,因而政府、产业和高校的影响力就失去了发挥作用的"载体",进而影响到培养效果。因为三螺旋创新理论在人才培养领域的不足,对文化创意人才的关注不够,所以三方作用的合力的聚焦点偏移,没能调动起文化创意人才自身的主观能动性,政府、高校、企业致力于提升文化创意人才培养效果的努力很可能事倍功半。

再次,"创意"是文化创意产业的核心生产要素[①],具有独特属性。相比农业经济的土地、工业经济的机器、商业经济的资金,创意作为劳动者的能力属性,不能与劳动者分离,因此,文化创意人才对创意具有天然排他性。也就是说在文化创意产业中,"劳动者"和"创意"这两大生产要素合二为一了,这就要求我们必须重新定位文化创意人才在文化创意产业中的角色和地位。

政府、高校、企业等关键要素,需要通过文化创意人才才能在"创意"要素上有用武之地。正如安德烈·焦尔当(André Giordan)所说:"学习者不是单纯的学习'参与者',而是他所学的东西的'创造者',别人永远不可能替代他去学。"[②]

文化创意人才本身具备什么样的品质和精神,对自己的职业发展有很大的影响。例如,一个人缺乏文化素养,知识结构单一,较少关注文化发展,其文化创新潜力就会缺失,很难成为合格的文化创意人才。文化创意作品缺乏内涵,流于形式,或明显生搬硬套,其根源就在于文化创意人才的文化

---

① 联合国教科文组织在《创意经济报告2010》中提出:创意经济是一种可行的发展选择。它依赖于把作为原材料的创意变成资产。引自金元浦.我国当前文化创意产业发展的新形态、新趋势与新问题[J].中国人民大学学报,2016,30(4):3.

② 安德烈·焦尔当.学习的本质[M].杭零,译.上海:华东师范大学出版社,2015:8.

素养不足。

因此,要提升文化创意人才培养的效果,关键在于充分激发文化创意人才的创意潜能。科学实验表明,人的创意潜能是无限的。神经生理学的研究告诉我们,即使你的大脑在100年的时间里,每秒钟输入10条数据(每个条目都是一个简单的词汇或者图像),最后也仅仅不到大脑存储量的1/10。[①]这为激发文化创意人才的创意潜能提供了科学依据。

针对三螺旋创新理论在人才培养领域的不足,需要从提升文化创意人才培养效果入手,优化政府、高校、企业间的合作机制;同时,引入文化创意人才(以下简称"创意者")自身,调动创意者的主观能动性,激励创意者加强自身培养的力度,激发创意者的创意潜能,使创意者自身与政府、高校、企业一样,成为文化创意人才培养中的关键要素。

因此,加强对创意者的研究,成为构建有效的培养模式的重要内容。对创意者的研究,可以有多个视角,如教育学、管理学、心理学;同时因为本书分析的创意者是产业人才的一种,针对创意者的研究应该与创意者在产业实践中的具体表现有关,也就是需要重点研究影响创意者取得高绩效的关键因素。

而胜任力作为研究高绩效者完成工作所具有的知识、技能、个性、价值观等因素的经典概念,是教育学、管理学、心理学的共同研究对象。20世纪90年代以来,西方国家对胜任力的实际应用研究形成热潮,这为本书进行的文化创意人才培养研究提供了重要的理论参考。本书将在下章重点分析文化创意人才的胜任力。

---

① 东尼·博赞,巴利·博赞.思维导图[M].卜煜婷,译.北京:化学工业出版社,2016:27.

第四章　文化创意人才的胜任力
模型的优化

对文化创意人才的胜任力模型进行分析,有助于系统分析文化创意人才的胜任力结构,甄别核心要素和外显要素,从而更有针对性地推进文化创意人才的培养工作。

第一节　胜任力研究的概述

胜任力作为绩效指向的能力,对于文化创意人才的培养研究来说,具有重要的参考意义。

能力是我们评定人才时经常采用的概念。一般而论,我们相信高能力的人才是优秀人才,低能力的人才算不得人才。能力是属于特性观的概念,即认为能力对应着一些特性,符合这些特性的人就是有能力,不符合这些特性就是没能力。但是在我们评定一位文化创意人才是否优秀时,能力的概念难以给出完整而准确的评定结果。这是因为,文化创意人才作为产业人才的子项,如果没有工作绩效,再好的能力也难以评定为优秀。文化创意的产业属性,要求文化创意人才在目标确定的情况下追求工作的高绩效。①那么在文化创意产业的语境中,我们论述文化创意人才的能力,不能就能力谈能力,而应该从能力与工作绩效的关系入手,坚持绩效指向。员工能否取得优秀的工作成绩,这往往是他们的各种个性特征总和的反映,包含个人的知识、技能、个性与动机、价值观等。因此,需要把特性观的能力概念与行为观的绩效概念进行融合,寻求与工作绩效有直接对应关系的能力特性,这就需要引入胜任力的概念。因为胜任力作为影响个人能力表现的重要因素,也是评价人才培养状况的综合指标。

在西方,传统的观点认为工作绩效主要受智力的影响,但实践效果和研究结果不支持这一观念。西方多位学者对此进行了系列研究,麦克利兰的"运用胜任力而不是智力"的研究表明,运用智力来测量绩效的方式作用十分有限;蒂彼乃特(Depinet)和班仁(Barren)的实证研究证明,智力与工作绩效之间的相关性非常小;斯潘塞(Spencer)的研究表明,与高绩效行为对应的往往是一组通过特殊组合的胜任力;詹森(Jansen)实证研究证明,不同的胜任力与工作绩效之间存在着差异相关性。②

是否在不同职业、不同岗位、不同工作任务之中,胜任力的考核指标都一样呢?胜任力是动态性而非静态性的,它总是不断地和岗位发生匹配关系,当一个人的工作环境、岗位、内容发生了变化,对他的胜任力的评估也会随之发生变化。

20世纪70年代至今,根据研究的目标不同,国内外学者关于胜任力的定义大致可以分为三类:教育学派系(The Educational Approach)、心理学派系(The Psychological Approach)、商业应用派系(The Business Approach)。教

---

① 绩效是指组织、团队或个人,在一定的资源、条件和环境下,完成任务的出色程度,是对目标实现程度及达成效率的衡量与反馈。

② 唐亚林,鲁迎春.基于PSG胜任力框架的英国公务员能力建设推进战略及其启示[J].中国行政管理,2011(11):91-95.

育学派系从教育学科视角,把胜任力定位于岗位功能分析,从绩效、知识、技术和态度等方面来研究和评价胜任力;心理学派系认为,胜任力表现为知识、动机、社会角色、自我形象和技能相关的卓越表现;[1]商业应用派系则认为胜任(力)特征为团体共同知识(Collective Learning)。[2]如表4-1所示。

表4-1　国内外代表性学者对胜任力的解释[3]

研究者	定　义
时勘	胜任特征:能将某一工作(或组织、文化)中有卓越成就者与表现平平者区分开来的个人的潜在特征;是能把某职位中表现优异者和表现平平者区别开来的个体潜在的、较为持久的行为特征(Behavioral Characteristics)。
王重鸣	胜任力特征:导致高管理绩效的知识、技能、能力、价值观、个性、动机等特征的,即管理胜任力。
安鸿章	胜任特征:根据岗位的工作要求,确保该岗位的人员能够顺利完成该岗位工作的个人特征结构。它可以是动机、特质、自我形象、态度或价值观、某领域知识、认知或行为技能,且能显著区分优秀与一般绩效的个体特征的综合表现。
彭剑锋	胜任力:驱动一个人产生优秀绩效的个性特征的集合,它反映的是可以通过不同方式表现出来的个人的知识、技能、个性和内驱力等。胜任力是判断一个人能否胜任某项工作的起点,是决定并区别绩效差异的个人特征。
赵曙明	胜任力:个人所具有的对工作绩效有显著贡献的一系列特质。企业经营者胜任力:从事企业经营管理工作的人应当具备的能够为企业创造高绩效的心智模式、价值观、个性、兴趣,以及能够使其胜任岗位的知识、技术、能力等。

---

① 施镜.制造业国有企业管理者胜任特征模型的构建与验证研究[D].沈阳:辽宁师范大学,2013:47.

② Thomash Markuslh, K Allpress. Confounded by competencies? An evaluation of the evolution and use of competency models[J]. New Zealand journal of psychology, 2005, 34(2):56-57.

③ 转引自王建民,杨木春.胜任力研究的历史演进与总体走向[J].改革,2012(12):143.

续表

研究者	定　义
章凯	胜任力:在特定工作岗位、组织环境和文化氛围中绩优者所具备的可以客观衡量的个体特征及由此产生的可预测的、指向绩效的行为特征。其特征结构包括个体特征、行为特征和工作的情景条件。
萧鸣政	胜任力:在特定工作岗位、组织环境和文化氛围中高绩效者所具备的可以测量与开发的个体特征,它们能够将高绩效者和一般绩效者区分开来,其中有潜在的个体特征,也有外显的个体特征。
戴维·麦克莱兰	Competence/Competency(胜任力):能区分在特定工作岗位、角色或者情境中绩效水平的个人潜在的特性。
莱尔·斯潘塞 & 西格尼·斯潘塞	Competence(胜任力):人格中潜在的、深层次的并且持久的个人特质,能够预测一个人在广泛多样的情境和工作任务中的行为与工作绩效,能够预测哪些人可能做好和哪些人可能做不好。这些特质与效标参照组的工作绩效,具有高度的因果关系。
理查德·博亚茨	Competency(胜任力):一个人具有的并用来在某个生活角色中产生成功表现的任何特质,这种个体的潜在特征,可能是动机、特质、技能、自我形象、社会角色或者知识。
合益集团（Hay Group）	Competency(胜任力):能够把平均绩效水平者和高绩效者区分开来的任何动机、态度、技能、知识、行为或个人特点。
美国管理协会（American Management Association）	Competency(胜任力):在一项工作中,与达成优良绩效相关的知识、动机、特征、形象、社会角色和技能。

　　通过对学者们关于胜任力内涵的研究和表述分析,我们大致能将其归为三类:(1)强调胜任力是个体的"潜在特质";(2)强调胜任力是个体的"显性行为";(3)认为胜任力是个体的"潜在特质+显性行为"。[①]本书采用第三类定义,即胜任力是"潜在特质"和"显性行为"的集合,把胜任力定义为:员

---

① 王建民,杨木春.胜任力研究的历史演进与总体走向[J].改革,2012(12):142.

工在一个组织中取得优异的成绩,有卓越的表现,能够胜任工作所需的知识、技能、个性特质、价值观等。

从这个角度分析,胜任力具有三个重要特征:(1)胜任力具有动态性,在很大程度上会受到工作环境、工作条件和工作特点的影响,胜任力随工作岗位的不同而变化,如在某一工作岗位上非常重要的胜任力,在另外一个工作岗位上就可能会成为发展的障碍。(2)胜任力可以预测人才在未来的工作表现和工作绩效。(3)能够区分绩效出众者和绩效平庸者。①

胜任力的跨学科特征,决定了胜任力研究的复杂性,应当整合心理学、教育学、管理学等多学科进行研究。

心理学家主要关注人的差异性,尤其是难以培养的胜任力。他们注重的是人的内隐胜任力和内在驱动力,而不是知识,强调智力、认知、体能、价值观、人格特质、动机、兴趣与情绪品质,也注重对能够将业绩出众者和普通业绩者区别开来的品质研究。

教育学研究的侧重点在于如何通过教育塑造和发展人才,帮助他们在工作中取得成功。在教育学家提出的胜任力理论模型中主要包含主旨知识、过程、情感领域,也包括对彰显业绩来说非常重要的胜任力。但教育学研究更注重跟业绩相关的环境,学者们相信,与基因和遗传相比,环境对人的行为更具有决定性影响。在这个视角下,胜任力并不用来区分绩效者的成绩。

管理学领域的胜任力研究也有自己独特的属性,人力资源经理还有薪酬专家把完成工作所需的胜任力,即知识、技能、情感、态度、价值观,作为工作描述的重要组成部分,但没有放在第一位,而是放在第二位。

胜任力具备岗位匹配性和动态性,不同行业、不同工作岗位对胜任力的需求是不同的。所以做好对不同行业、不同工作岗位所需胜任力的识别和

---

① Maxine Dalton. Are competency models a waste[J]. Training & development, 1997, 51 (10):48.

测评,才能真正做到因才适用,减少对人才资源的浪费,同时给予真正适合的人才足够的支持。

胜任力是用来评估文化创意人才价值的重要标准。文化创意人才胜任力主要指能够促进文化创意人才培养过程顺利进行,并产生优秀创新绩效的人才所具备的知识、能力及其他个性特征。

胜任力理论除强调显性知识和技能外,更注重个性、态度、价值观、自我认知、动机等内在因素。胜任力的研究需要将胜任力分解为多个胜任力因素,并将其有机地整合为一个整体。人才的能力不只是先天的,更多是由遗传、个体能动性和环境三要素共同作用形成并发展的。

文化创意产业的竞争是人才的竞争,而人才的竞争体现在胜任力的竞争上。对文化创意人才的胜任力进行分析,有助于文化创意人才的要素结构分析,确定哪些是核心要素,哪些是显性要素,从而更加有针对性地开展培养文化创意人才的工作。

第二节　文化创意人才的胜任力模型

胜任力是一成不变的吗?胜任力与人的知识、技能、态度等因素密切相关,但是这些因素并不是静态的,它们总是不断发生变化。所以,胜任力不是一成不变的,而会受到具体的工作情境、组织环境、行业环境、宏观环境的影响和制约。情境不同,所需要的胜任力也不同;同样的胜任力在不同的情境中,也有不同的表现。

在工作中,变化着的胜任力导致人们的工作绩效起起伏伏。而正因为胜任力是动态的,能够通过训练、培育得以增强,这使得我们研究文化创意人才的胜任力提升更具有理论根据。

文化创意人才的胜任力可分为智力因素和非智力因素两部分。智力因素是人才的基本要素,包括知识结构和能力结构。分析知识结构,理论知识自然是题中应有之义,另外,感性知识以及通过实践获得的经验,也是知识结构中不可忽视的一部分。能力结构也可以划分为两类,一类是基本能力,另外一类是综合能力。

　　狭义的非智力因素是指一个人的兴趣、情感、动机、意志等,相当于一个人所有心理特征的综合。广义的非智力因素,则是指道德品质、生理因素等。研究表明,一个人的成功因素中,智力因素只占20%,而非智力因素如人格、意志力、人际交往能力、道德、情感和社会适应能力,往往起着决定性作用。

　　理论模型在科学研究中具有重要意义,对模型的研究可以使理论假设和实验设计获得相对稳定、严谨的框架。胜任力模型是一种方法论,它指在特定组织中表现出色的人才的思维方式、工作方式和操作流程,目的是提高人才工作的有效性和效率,最终的结果可作为判断的标准。

　　莱尔·斯潘塞博士(Lyle Spencer, Jr.)和赛尼·斯潘塞(Signe Spencer)提出的胜任力冰山模型显示,人类的能力就像海洋中的冰山,水下的部分蕴含着巨大的潜能。

　　有研究者基于胜任力模型,从三个层面指导人才的培养工作:第一个层面是必要胜任力。该种胜任力是可以通过培训来发展的,是每一个岗位上的员工必须具备的基本知识和技能。第二个层面是差异胜任力。该种胜任力很难通过培训来提高,但从长远看,对员工绩效的提高有好处。包括员工的心智模式、特质和动机,可用来区分员工的一般表现和高绩效。第三个层面是战略胜任力。该种胜任力包括创新、效率、学习和专利技术等组织内的核心竞争力,有助于提高组织的核心竞争力和凝聚力。[①]通过上述分析,我们尝试为本书引入文化创意人才的胜任力模型。

---

① 刘爽,左雅.基于胜任特征模型的人才招聘与管理[J].社会心理科学,2011(9):22.

一、我国文化创意人才胜任力研究概况

本书通过在知网检索"文化创意人才、文化人才、胜任力、胜任特征、胜任素质",共检索到文献486篇(截止到2016年)。通过对主要文献的比较与分析,可以对我国在文化创意人才胜任力研究领域的发展状况形成基本认知。

通过对我国文化创意人才胜任力研究论文统计表(如表4-2所示)的分析,可以看出,我国学者对文化创意人才的胜任力研究于2003年开始,并在2009年进入研究高潮,该高潮一直持续到2016年。

表4-2 我国文化创意人才胜任力研究论文统计表

年份 类别	2003	2006	2007	2008	2009	2010	2011	2012	2013	2014	2015	2016	合计
期刊论文	1	2	4	7	13	28	28	60	51	58	58	75	381
硕士论文					2		3	5		4	3	1	21
博士论文										1			1
报纸		8	7	2	8	5	12	6	6	11	2	6	75
国内会议			1	1	1		2		1		2		8
小计	1	10	12	10	24	35	45	71	61	70	65	82	486

值得关注的是,报纸对文化创意人才胜任力保持了持续的关注,在2006年就达到了8篇,并且直到2016年都保持着关注,这说明胜任力对于社会大众来说,具有新闻性,表明胜任力在国内还处于引进阶段。这也可以从期刊论文数量的持续增加,而从2003—2016年只有1篇博士论文和8次国内会议中得到证明。

二、我国文化创意人才胜任力模型研究

通过对上述486篇论文进行分析，筛选出聚焦在文化创意人才的胜任力模型研究的论文有24篇，如表4-3所示。

表4-3 文化创意人才胜任力模型研究文献统计表

序号	篇名	作者	来源	发表时间
1	《创意产业人才素质要求与胜任力研究》	李津	《科学学与科学技术管理》	2007年
2	《基于素质模型的A公司创意人员培训需求分析》	张煜	西北工业大学（研究生论文）	2007年
3	《广告创意人胜任力模型研究》	汤舒俊 唐日新	《怀化学院学报》	2008年
4	《文化创意人才素质测评指标体系的构建研究》	张燕 王晖 蔡娟娟	《现代传播》	2009年
5	《文化产业创意经理人胜任力素质研究》	向勇	《同济大学学报（社会科学版）》	2009年
6	《创意产业人才胜任力模型构建探索》	李扬	《经济师》	2009年
7	《文化创意人才测评方法及综合评价研究》	张燕 付晟 蔡娟娟 王晖	《现代传播》	2010年
8	《文化产业创意人才的素质结构及开发途径探究》	陈树文 宋晨	《首都论坛》	2011年
9	《创意人才能力素质模型的构建及其应用研究》	陈炎霞	华侨大学（研究生论文）	2011年

续表

序号	篇名	作者	来源	发表时间
10	《基于胜任力模型的文化创意产业人才培养模式研究》	陈要立	《经济问题探索》	2011年
11	《文化创意人才胜任特征研究综述》	刘欢	《中国证券期货》	2013年
12	《基于跨文化胜任力的会展人才培养模式研究》	李艳霞 蓝星	《现代商贸工业》	2013年
13	《文化创意人才培养模式研究》	王雪野 王颖聪 顾小慈	《现代传播》	2014年
14	《文化创意人才胜任特征指标体系构建》	苏列英 刘欢	《商业时代》	2014年
15	《基于AHP的文化创意人才胜任力评价指标体系构建》	刘长燕 丁月华 孙长春	《商业经济》	2014年
16	《文化创意人才胜任力结构研究》	赵敏祥 励立庆 吴珺楠	《浙江工业大学学报（社会科学版）》	2014年
17	《文化创意人才元胜任力模型的SEM实证研究——基于文化创意产业链跨区整合视角》	胡黎明 赵瑞霞	《北华大学学报（社会科学版）》	2015年
18	《高校文化创意人才培养对策——以胜任力为视角》	赵敏祥 励立庆 吴珺楠	《中国高校科技》	2015年
19	《基于胜任力模型的文化创意产业人才绩效管理体系构建》	黄明	《宜春学院学报》	2015年
20	《元胜任力视角下文化创意人才高校培养模式》	胡黎明 赵瑞霞	《当代教育理论与实践》	2015年
21	《文化产业创意人才素质模型研究》	王刚 牛维麟 杨伟国	《国家行政学院学报》	2016年

续表

序号	篇名	作者	来源	发表时间
22	《文化产业经营管理人才胜任力模的构建》	章立会	《经济师》	2016年
23	《文化产业人才的胜任力模型及培养路径研究》	薛磊窦德强	《中国包装》	2016年
24	《文化创意企业人才素质测评存在的问题及对策》	黄明	《福建商业高等专科学校学报》	2016年

　　总体来说,以上论文对文化创意人才胜任力模型的建构研究,多基于胜任力冰山模型理论。采用的研究方法多为归纳法、演绎法、限定选项法等。

　　其中,胡黎明、赵瑞霞[1]关注文化创意人才的基本内在素质,即元胜任力,并认为元胜任力有三个特征维度:创意精神、创意知识及创意技能。李扬[2]和李津[3]将文化创意人才胜任力分为门槛类胜任力、区辨类胜任力和转化类胜任力三个维度。张煜[4]从知识、能力、态度、个性品质和动机,张燕、王晖和蔡娟娟[5]从知识、意识、性格、能力和绩效,陈炎霞[6]从知识、个性品质、动

① 胡黎明,赵瑞霞.文化创意人才元胜任力模型的SEM实证研究——基于文化创意产业链跨区域整合视角[J].北华大学学报(社会科学版),2015(4):134-138.
② 李扬.创意产业人才胜任力模型构建探索[J].经济师,2009(12):205-206.
③ 李津.创意产业人才素质要求与胜任力研究[J].科学学与科学技术管理,2007(8):195-197.
④ 张煜.基于素质模型的A公司创意人员培训需求分析[D].西安:西北工业大学,2007:43.
⑤ 张燕等.文化创意人才素质测评指标体系的构建研究[J].现代传播(中国传媒大学学报),2009(4):115-121.
⑥ 陈炎霞.创意人才能力素质模型的构建及其应用研究[D].泉州:华侨大学,2011:27-40.

机、创新能力和通用能力,赵敏祥、励立庆、吴珺楠[1]从专业知识和技能、创意能力和创意态度等维度,分别构建了文化创意人才的胜任力模型。汤舒俊、唐日新[2]从创意智力、营销导向、服务意识、沟通和个性坚韧五个维度构建了广告创意人胜任力模型。向勇[3]构建了包括基础胜任力和专业胜任力两个层面的创意经理人胜任力双素质叠合结构模型。陈树文、宋晨[4]将创意人才的胜任力结构分为基本素质和创新素质两个维度。王刚、牛维麟、杨伟国[5]构建了文化产业创意人才素质模型,该模型由创意基础(专业知识、文化素养、经验丰富性、专业技能)、创意能力(创新能力、沟通协调能力、解决问题能力、学习转化能力、敬业精神、团队合作)和创意人格(风险承受能力、包容性、质疑精神)三个维度构成。

三、对文化创意人才胜任力模型的优化

关于文化创意人才的胜任力研究还处于初期阶段,这从研究的主题多聚焦在文化创意人才这一行业类别共有的一般胜任力可以得到印证。根据胜任力的岗位匹配性、动态性和情景依赖性等特征可知,关于文化创意人才整体的胜任力研究成果可以为文化创意产业提供指导性和方向性的帮助。在实际应用中,需要针对文化创意产业中9个大类、33个中类,乃至138个小

① 赵敏祥,励立庆,吴珺楠.文化创意人才胜任力结构研究[J].浙江工业大学学报(社会科学版),2014(4):417-422.

② 汤舒俊,唐日新.广告创意人胜任力模型研究[J].怀化学院学报,2008,27(2):190.

③ 向勇.文化产业创意经理人胜任力素质研究[J].同济大学学报社会科学版,2009,20(5):57-62.

④ 陈树文,宋晨.文化产业创意人才的素质结构及开发途径探究[J].2011首都论坛,2012(S5):120.

⑤ 王刚,牛维麟,杨伟国.文化产业创意人才素质模型研究[J].国家行政学院学报,2016(2):120.

类进行个性化研究,构建不同小类中文化创意人才的胜任力模型。

通过对以上文化创意人才胜任力模型的分析,并根据分类的科学性和与产业实践的匹配性,本书采用《文化产业创意人才素质模型研究》一文中的文化创意人才胜任力模型。

(一)引入的文化创意人才胜任力模型的介绍

本书所采用的文化创意人才胜任力模型如图4-1所示:

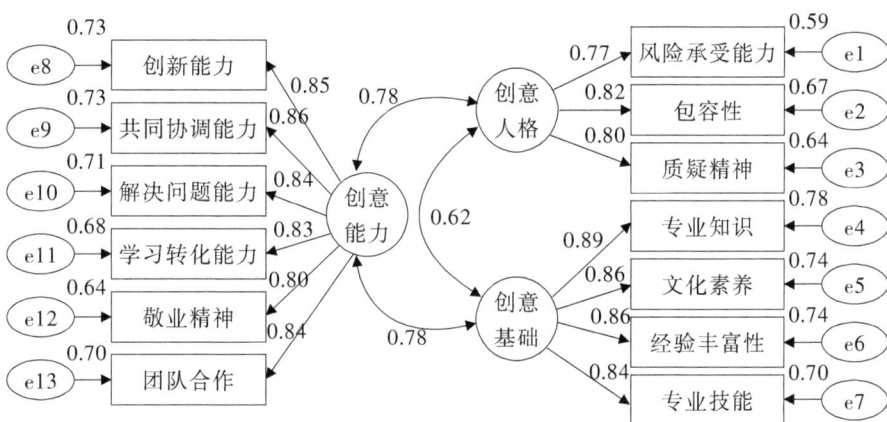

图4-1 引入的文化创意人才胜任力模型

该文化创意人才胜任力模型把文化创意人才的胜任力分为创意基础、创意能力、创意人格三个一级指标。与胜任力冰山模型的分层具有对应关系,创意基础和创意能力相当于冰山模型中的水面以上部分,创意人格相对应的是冰山模型中水面以下的部分,这体现了学术研究的传承性;同时,该模型的分类与实践传统进行了很好的对接,学术概念与产业中的实践用语基本吻合,有利于理论的传播和理解。因此,本书引入该文化创意人才胜任力模型,用于分析文化创意人才的胜任力指标。

根据创意阶层理论,通过对我国文化创意人才胜任力现状的考察,结合采用专家调研法(其中3位为文化产业专业教授,1位为教育学专业教授,1

位为教育学博士后,4位为文化企业管理者,2位为文化创意专业人才),本书对该模式的二级指标进行了优化。该优化过程通过转移指标和增添新指标的形式进行。在《文化产业创意人才素质模型研究》一文中,构建的文化创意人才胜任力模型主要由3个一级指标和13个二级指标构成。一级指标有创意基础、创意能力和创意人格。其中创意基础包括专业知识、文化素养、经验丰富性和专业技能4个二级指标;创意人格包括风险承受能力、包容性与质疑精神3个二级指标;创意能力则包括创新能力、沟通协调能力、解决问题能力、学习转化能力、敬业精神和团队合作6个二级指标。[①]

该模型的不足主要体现在以下两个方面。

(1)对创意人格维度的研究不够充分。

创意人格是文化创意人才胜任力的核心,对创意能力和创意基础有着直接的制约关系。而且,创意人格是位于水面以下的冰山,是难以直接培养和考核的,因此更需要加大研究的力度,从更细的角度进行深入分析。该模型在创意人格维度下面设立了风险承受能力、包容性与质疑精神3个二级指标。从创意人格的内涵分析,以上3个二级指标不能完整涵盖创意人格的内涵,需要扩充其他几个维度进行充实。

(2)部分二级指标的用语不够严谨。

该模型的二级指标中,有部分用语,如创新能力、风险承受能力,属于日常用语,而非学术用语,因此,在具体的内涵上不能进行准确的界定,容易引起歧义,应该选用相应的学术用语来表述。

---

① 王刚,牛维麟,杨伟国.文化产业创意人才素质模型研究[J].国家行政学院学报,2016(2):120.

（二）对文化创意人才素质模型的优化

1. 创意人格维度下的指标改进

创意人格对应的是胜任力冰山模型中水面以下的部分，主要包括动机、特质和自我概念。属于人才中深层次的特质，难以通过培训获得发展。

风险承受能力是指一个人承担风险的能力，与个人资产状况、家庭情况、工作情况等都有关系。[①]从这个定义来看，风险承受能力不是一种人格特质，放在创意人格维度之下是不适合的。而心理学中的心理承受能力是一种重要的个性心理品质。心理承受能力差的人，在遇到困难挫折时就会心绪不宁。心理承受能力强的人则能轻松地应付外部环境的冲击。[②]这恰好可以用来替代风险承受能力所指向的内涵，所以可以把风险承受能力优化为心理承受能力。

创意人格是一个内涵和外延都很广的概念，应该说，按照该模型的分类逻辑，所有不属于创意基础和创意能力的，但又对文化创意人才的绩效密切相关的因素都应该归入创意人格维度。那么除了创意人格维度已有的二级指标风险承受能力、包容性、质疑精神外，责任意识、自信都与文化创意人才的具体绩效有直接的对应关系，应该进行重点研究。因此，本书在创意人格一级指标下面增添了2个二级指标，分别是责任意识、自信。

2. 创意能力维度下的指标改进

创意能力是指作为利用旧有想法产生创造性的新想法的能力。在这个内涵下，我们对下面的二级指标进行优化。

---

① 风险承受能力［EB/OL］.［2016-10-20］.http://baike.baidu.com/link？url=vkXJv7RlXT-bt_xXGQt -MXnfC2dpHBGKQ_PBN8VrT2AC_xnAhj-P0n1Wp4IrvXfPElD8gvEXP53mgg-nuDtWBeFW7D70D8Q8NHZO34ex2gqtUcOENiJZUK1V8jNFoFDK50pIsK_oAui8VWzbXxPNxRq.

② 心理承受能力测试［EB/OL］.［2016-10-20］.http://test.39.net/test/307.html.

创新能力是一种实现创意的过程的能力,创意能力应该是创新能力的一部分,因此创意能力不适合作为创意能力下面的二级指标。而在创意能力维度中需要一种特定的创新能力,即理念创新。理念创新是创新能力的一种,特指以新的理念去指导新的实践的过程。因此,应把创新能力优化为理念创新能力。

解决问题能力是一个日常用语,不是一个学术概念,其对应的心理学概念应该为问题解决能力(Problem-Solving Ability)。解决问题能力就是一种面对问题的习惯和处理问题的能力。[①]因此,应把解决问题能力优化为问题解决能力。

敬业精神属于人才的价值观范畴,是难以通过培训获得的,对照胜任力冰山模型,应该属于水面以下的部分,属于文化创意人才的创意人格维度。因此,本书把原来位于创意能力中的二级指标敬业精神移到了创意人格一级指标下面。

团队合作是一种工作方式,既不能用来形容人才的能力,也不能用来描述人才的人格。但是团队合作体现了对文化创意人才十分重要的合作意识因素,而合作意识是文化创意人才取得高绩效的重要因素,属于冰山以下的部分,应该归为创意人格一级指标。因此,本书首先把团队合作优化为合作意识,并移到创意人格一级指标下面。

(二)本书优化后的文化创意人才胜任力模型

通过对以上的指标改进,本书对引入的文化创意人才胜任力模型进行了优化。优化后的文化创意人才胜任力模型,以创意人格为核心,包括3个一级指标和16个二级指标。具体如表4-4所示。

---

① 问题解决能力的评价[EB/OL].(2012-09-08)[2016-10-10].http://www.xinli110.com/xueke/jczs/xinliceliang/201209/322534.html.

表4-4　文化创意人才胜任力模型

一级指标	二级指标
文化创意人才胜任力模型	

一级指标	二级指标
创意人格	自信
	质疑精神
	责任意识
	敬业精神
	包容性
	合作意识
	心理承受能力
创意基础	文化素养
	专业知识
	专业技能
	经验丰富性
创意能力	理念创新能力
	学习转化能力
	资源整合能力
	市场把控能力
	问题解决能力

第三节　文化创意人才胜任力模型指标分析

一、创意人格指标分析

（一）自信指标分析

自信是一种积极的心理体验，一种自我激励的精神力量，它能够激发潜意识释放出无穷的能量。具有高度自信的人表现为对自己的信任和尊重，缺乏自信则表现为对自己的轻视和自卑。

优秀的文化创意人才，他们总是信心十足，对自己所追求的事业矢志不渝。文化创意人才的工作强度高，但文化创意人才的薪酬不能达到心理预期，他们常常自嘲为"文化民工"，因此文化创意者对职业声望的自我评价不高，降低了文化创意人才的自信心。

造成上述状况的原因主要可以从两方面分析：(1)文化创意人才自身缺乏较高职业理想，未把文化创意看作可能影响社会生活的重要行业，只把它等同于普通行业，只是把文化创意作为一种生存的技能，满足于朝九晚五的上班族生活，在文化创意实践中满足于平均水准，能应付过去就好，没有追求尽善尽美的意愿和动力。而文化创意实践的最大魅力就在于没有最好，只有更好；任何一个文化创意都有提升的空间和可能，这也是杰出的文化创意人才的真正的追求。(2)全社会还未形成完善的文化创意人才评估标准，管理和考核还因循传统产业的办法，从考勤等指标考核文化创意人才。如果不与时俱进地提升文化创意人才的评估标准，长久下去，就会出现"劣币驱逐良币"的后果，文化创意企业将痛失最宝贵的核心资源——文化创意人才。

(二)质疑精神指标分析

质疑精神是人类创新能力的内在驱动力。正如南宋哲学家陆九渊所言："为学患无疑，疑则有进。"质疑精神是文化创意人才成长的内动力，是创新意识萌发的一个环节。

《中国青年报》社会调查中心做过一项有关中国人质疑精神的调查，结果显示，认为当下青少年缺少质疑精神的受访者占比达98.9%。在当下青少年缺少质疑精神的原因选项中，53.7%的受访者认为家长本身爱养"乖孩子"，53.0%的受访者认为学校教育不鼓励质疑，49.4%的受访者认为"整个社会都缺乏质疑精神",28.2%的受访者认为"质疑成本很高"。①

这正是文化创意人才质疑精神缺失的社会根源,造成这种现象的主要原因在于:(1)缺乏独立思考能力。人云亦云,喜欢随大流,不敢也没有能力独辟蹊径。(2)缺乏强烈的自我批判意识。文化创意人才作为文化的传承者和创新者,应该具备自觉的自我批判精神,自觉抵御不良社会风气,实现自我发展、自我超越。(3)受到传统文化中负面因素的制约,如"人怕出名猪怕壮""树大招风""枪打出头鸟"等。

(三)责任意识指标分析

对责任意识的重视,是中国传统文化的重要特征,如"国家兴亡,匹夫有责"、"修身齐家治国平天下"和"先天下之忧而忧"等。

责任意识是创新型人才的一项核心素质,它在文化创意人才的知、情、行上得到了统一。大量研究表明,具有强烈创新情感的人总会有创新热情。

责任意识对文化创意人才来说,不仅是一种责任,更是其创意能力和实践能力的来源。强烈的社会责任感会推动文化创意人才有意识地寻找真实的社会需求,并把需求转化为对文化创意产品的创造,对社会的关注。因此,文化创意者的观察更微妙,思维更活跃,从而激发创新动力,直接驱动一个文化创意产品的创造。文化创意人才若缺乏责任意识,受个人利益、好恶和个人短期利益的影响,创意就不能持久。

文化创意产品兼具精神属性和物质属性,不仅满足消费者的使用需求,而且会诉诸消费者的精神,有时一件文化创意产品的使用,可能会影响一个人的价值观和世界观。因此文化创意人才要对这一社会角色有清晰的认知,在追求产品的经济效益、物理形态等外在价值的同时,对产品的内涵价值也要有较高要求。

---

① 李万友.缺少质疑精神是道沉重的教育考题[J].湖南教育旬刊,2013(8):12.

文化创意人才责任意识不足主要表现为:不尊重他人的知识权力,随意借鉴,甚至抄袭;集体责任感淡化,以自我为中心,从纯粹的个人兴趣来选择自己的行为,忽视对社会的贡献;过度追求创意的新、奇、特,追求经济收益,忽视了文化创意产品对人的精神和价值观的影响。如在影视作品中随意解构经典、解构英雄,导致历史观和价值观的旁落,在社会上形成负面影响;在网络游戏中肆意设计色情、暴力、畸形的情节,罔顾青少年的心智和情感。

(四)敬业精神指标分析

敬业是中华民族的传统美德,中华民族历来有"敬业乐群""忠于职守"的传统,早在春秋时代,孔子就说过"执事敬""事思敬""修己以敬"等,主张人要始终勤劳勤奋,为事业尽心尽力。

有了敬业精神,文化创意人才才会以认真踏实、恪尽职守、精益求精的工作态度,追求崇高的职业理想,自觉克服在创意和实现创意的过程中遇到的重重阻碍。

敬业精神可以分为两个层面,较高层面体现为追求卓越的精神;较低层面体现为执着,是一种带有功利目的的敬业。

1. 追求卓越

文化创意的终极诉求应该是追求"有灵魂的卓越"。追求卓越,尽善尽美,是文化创意的最高追求。但这种卓越不是为了卓越而卓越,而是具有对社会责任的担当、对真善美的追求等高尚内涵的卓越。现实中出现的一些只追求表面的、形式化的卓越,是泡沫式的。

哈佛学院前院长哈瑞·刘易斯(Harry R. Lewis)在《失去灵魂的卓越——哈佛是如何忘记教育宗旨的》(*Excellence Without A Soul:How A Great University Forgot Education*)一书中,将灵魂解释为"把年轻人培养成对社会负责的成人"①。

文化创意产业作为具有精神价值与经济价值双重属性的特殊产业,要求文化创意人才要有高尚的职业理想,担当社会重托、弘扬真善美、抨击假丑恶,务求以尽善尽美的创意成果,去实现"灵魂的卓越"。

文化创意往往要经历百转千回,只有坚持到最后才会成功。一些文化创意人才内心深处缺乏追求卓越的职业理想,导致其文化创意激情无法持续,容易懈怠;有些因为志得意满而失去了追求完美的动力;有些遭遇重重困难,屡屡受挫,虽奋力拼搏,终不堪打击而倒在黎明的前夜。这都是因为缺乏追求"灵魂的卓越"的理想造成的。

一些文化创意人才因为缺乏"灵魂的卓越",以现实的短期收益作为对自己付出的考量,迎合而不是引导消费者的精神需求,导致社会品格的庸俗化,精英意识的消解,令社会的文化创意产品成为人欲的狂欢。文化创意的消费是需要培养的,文化消费大多不是刚性消费,需要很长的时间来培养,消费者有了积极的经验、爱好和习惯才可能产生。因此,文化消费是一种潜在需求,需要着力培育才能形成。这也是一些经典缺少吸引力的内在原因,没有消费,就没有喜爱。作为生产者的文化创意人才应承担重要的责任,做好供给侧改革,提升文化创意产品的供给品质,优化其结构,让消费者能消费高品质的文化产品,从而陶冶其性情,提升其品味,丰富其心灵,这样才能为优秀的文化创意产品营造健康向上的消费环境。

2. 执着

约翰·霍金斯说过:"创意经济比传统制造业有更高的竞争性。它的失败率也比传统的制造业更高。当我们停止学习的时候,我们就会失去创作力,一个企业也就会死掉。"②这就要求文化创意人才长时间保持旺盛的创造

---

① 何杨勇.研究型大学为何在卓越中失去了灵魂[J].江苏高教,2008(5):68.
② 金元浦,约翰·霍金斯.对话:文化创意产业——"新的十亿人"的时代[J].福建论坛(人文社会科学版),2013(6):42.

热情,提升自身的创造能力,而这需要文化创意人才具有执着的精神才可能实现。

一般来讲,文化创意产业的工作以脑力劳动为主,强度普遍偏大,尤其是没有相对固定的工作时间,随时都要思考创意,生活和工作难以截然分开,身心压力颇大。同时,文化创意行业是一个失败率高的行业,没有可以保证创意成功的方法,只能绞尽脑汁,激发灵感,失误和失败不可避免,这就造成了文化创意工作的艰苦性与不确定性。

对文化创意人才来说,首先要有实事求是、崇尚真理、不断创新、不怕失败的精神和勇气,其次要对文化创意产业的工作强度有准确的认知,提高自身的逆境商(即 Adversity Quotient,AQ,这一概念是由美国著名学者保罗·史托兹综合来自当今世界数十位著名科学家的最终研究成果于20世纪90年代提出来的;AQ指人们面对挫折、摆脱困境和克服困难的能力,它的具体构成包括:控制感、起因和归因、影响范围及持续时间),减缓工作压力带来的困扰,懂得如何释放压力,培养出良好的抗压能力。抗压能力的提高不仅能提升文化创意人才在文化创意中的效率,也能有效提高文化创意人才的自身幸福指数。

在文化创意活动中,人们往往关注创意成果的"惊鸿一瞥",把文化创意活动想象成"羽扇纶巾,谈笑间,樯橹灰飞烟灭"的潇洒,而忽视了"台上一分钟,台下十年功"的过程,认为文化创意就是聊聊天,出出点子。而真正进入文化创意的过程以后,体会到那种呕心沥血、辗转难眠、绞尽脑汁的煎熬时,很可能会难以坚持,萌生退意。

鉴于此,有必要向全社会充分展示和传播文化创意人才的真实工作状态,让人们了解创意工作的来龙去脉,对文化创意人才的努力表达敬意,提升社会对文化创意人才的尊敬和向往,从而提高文化创意人才的敬业精神。

（五）包容性指标分析

包容性是中华传统文化中的重要部分，这从"海纳百川""尺有所短，寸有所长"等经典名句中就可得到证明。拥有包容精神的团队未必成功，但成功的团队一定是拥有包容精神的。文化创意人才应该具备包容精神，要有容人之量，我们平常所说的"容人之长，容人之短，容人个性，容人之过，容人之功，容己之仇"，就体现了这种包容精神。

包容精神与创意阶层主要以团队形式进行创作是相吻合的。斯科特（Scott）和布鲁斯（Bruce）的相关研究结果表明，团队成员对团队中支持创新氛围的认知程度越高，对成员个体创意、创新行为产生的正面影响越显著。[①]文化创意产业的发展不仅依赖于个人和单个企业的行为，更需要企业的集体互动和地理集聚，这都要求文化创意人才具有包容性。

（六）合作意识指标分析

合作意识是文化创意人才不可缺少的胜任力。研究证明，产生创新力的源泉来自不同专业、不同特长、不同层次群体间的有效组织及相互协调。有关学者曾经对诺贝尔奖获得者进行专题研究，通过对获奖者的工作方式进行全面分析发现，善于同他人合作而得奖的比例，在诺贝尔奖创立最初的25年近41%，到了1972年，上升至79%。[②]

我们正处在个性张扬与个性相融的时代，相互合作是发展的杠杆，是成功的基石。这就要求我们要有合作意识，能够共同承担责任，齐心协力去完成任务。

阿尔伯特·爱因斯坦（Albert Einstein）说："没有许多个人的无私的合作，

---

① S G Scott, R A Bruce. Determinants of innovative behavior:a path of individual innovation in the workplace[J]. Academy of management journal,1994,37(3):580.

② 隋延力.创新人才的识别与培养[J].研究与发展管理,2004(4):116.

就得不到真正有价值的东西。"①乔治·萧伯纳（George Bernard Shaw）曾对此有过形象的比喻："倘若你有一个苹果，我也有一个苹果，而我们彼此交换苹果，那么，你和我仍然各有一个苹果；但是，倘若你有一种思想，我也有一种思想，而我们彼此交流思想，那么我们每个人都将有两种思想。"②

文化创意人才应具备宽阔的胸怀、开放的心态，树立合作意识。在同一个创意群体中，由于每个人的知识结构和能力都有特定的方向，所以无论是谁，都难以掌握文化创造力的全部要素，具有全方位的能力。即使具有更多的创新能力，人们也往往专注于某一方面，而在另一方面，人们通常都表现为一般性熟悉。因此，创意群体最有效的表现是具有不同创造力的人才之间的互补性。人才具有多种创新能力，通过在工作中的协调与配合，才能更充分地发挥自己的特长和能力。同时，人才可以通过互补合作，以获得最大的利益。

在具体的文化创意项目中，对个性精神强调得多，对合作意识强调得少；虽采用头脑风暴的形式，却有唯创意大师的倾向；很多年轻人因为资历浅、案例少，虽然有好的创意火花，却不能得到重视和支持，甚至被挖苦、冷嘲。特别在一些转型不彻底的文化创意企业，老板以职位之尊，携过往成就之威，成为文化创意好坏的最终评判者，往往大家激烈而热情地讨论了几个小时，老板一来，一笔勾销，凭老板的喜好选定一个创意。而因为文化创意的管理制度还不完善，创意的决策者对创意实施的效果不承担责任，这就导致对文化创意效果的评判缺乏具体的责任人。如果实施的结果不能达到预期，老板往往会把责任都归咎于创意者。这种对文化创意的管理制度不适应文化创意发展的内在机制。

---

① 许良英,赵中立,张宣三.爱因斯坦文集:第3卷[M].增补本.北京:商务印书馆,2009:28.

② 翟杰全.科学传播学[J].科学学研究,1986(3):11.

（七）心理承受能力指标分析

根据马斯洛的需要层次理论,文化创意人才追求自我价值的实现。对文化创意人才来说,与获得高额的报酬相比,如果自己的创意得到实现,并且能够获得认可,往往更能带来满足感。同时,应当注意,虽然文化创意人才重视自我实现的需求,但同时他们也和普通人一样,只有当较低层次的需要得到满足之后,文化创意人才的创意能力才能得到更充分发挥,从而创意出高品质的产品来。

这就对文化创意人才的心理承受能力有较高的要求。一般情况下,可以从生理心理学角度和社会角度两个角度分析心理承受能力。就生理心理学角度而言,一般从人才的大脑神经系统的耐受性入手,耐受性大、兴奋和抑制之间的平衡性强的人,则能够承受大的刺激;反之,则不能承受大的刺激。从社会的角度来说,一般从人才对挫折、苦难等环境信息处理的理性程度入手。心理承受能力强的人才能以可变的方式接纳、处理不同于自己认知的事物,能够适应社会。心理承受能力弱的人才不能接纳不同于自己认知的事情,可能会不适应社会。在现实生活中,社会角度的心理承受力更有现实意义,这也是文化创意人才所需要的心理承受能力。

现阶段文化创意人才的心理承受能力不高,为了生存而遏制了自身的创意潜能,造成了人才资源的巨大浪费。据麦可思历年职业调查的结果显示,多个文化创意产业相关的职业类别被列为职业发展空间和稳定性最差的门类,"薪资福利偏低""工作要求和压力太大"是主要的离职原因。综合多个就业统计数据,大学毕业生首次就业后3年内跳槽率高达80%左右。而要转变这种情况,就要给文化创意人才足够的保障,让其可以没有顾虑,充分发挥出创意潜能,为社会提供数量丰富、品质上乘的文化创意产品。

我国文化创意产业正处于快速发展期,对优秀文化创意人才的需求十分巨大,而目前我国文化创意产业的薪酬和福利待遇还不具备明显的竞争力,难以为文化创意人才提供自由发展的物质保障,限制了高素质、高水平人才的进入,因此,应提高文化创意产业的薪酬待遇水平,让人才具备更高的心理承受能力,能够全身心地享受创意的乐趣,发挥出更大的创意潜能,从而推动文化创意产业的生产效率、生产能力和生产水平得到快速的提升。

二、创意基础指标分析

(一)文化素养指标分析

深厚的哲学与人文素养,是文化创意人才知识结构的基础。钱学森曾经说过,艺术上的修养不仅对他理解艺术作品中的诗情画意和人生哲理有所帮助,而且也让他从中学会了艺术上大跨度的宏观形象思维。[1]这充分证明了深厚的哲学与人文素养对文化创意人才是非常重要的。

现今的文化创意人才生活在时尚与潮流的瞬息万变中,重形式而轻内涵,多追求创意的外在美,追求炫目的视觉感受,缺少对人性的探索,不能获得心灵的回应。如近年来一些国产电影越来越追求国际化、大制作、大场面和商业炒作,而在内容建构和文化内蕴上诟病不断,这在一定程度上反映了我国文化创意人才的人文素养的欠缺。

中华民族有重视创新和创造的传统。在《中国的创造精神——中国的100个世界第一》一书中,罗伯特·坦普尔(Robert Temple)对中华民族的创新精神做了最好的诠释,[2]100个世界第一,说明了中华民族的创新文化与创新精神。教育学者石中英通过研究指出,中国传统文化为创新人才的培育和中华民族创造力的提升提供了丰富资源,并不是阻碍创造力培养的罪魁祸

---

[1] 佚名.科学泰斗钱学森故事[EB/OL].(2016-09-05)[2016-12-20].http://www.3lian.com/cha/2016/09/126159.html.

[2] 陈至立.《中国的创造精神》中译本·序言[J].课程·教材·教法,2002(7):5.

首。^①心理学家林崇德也指出,中华民族的传统文化富于创造性的表现。^②只要政府、高校、社会给予重视,并采取行之有效的传播与培养方式,文化创意人才的人文素养将会得到快速提升。如在高校教育中,需要我们加大培养文化底蕴和艺术素质的课程比重,如添加人文历史、艺术设计、艺术表演、音乐、舞蹈、体育等课程。同时,应该注重对生活场景中人文氛围的营造,为文化创意人才的成长提供良好的环境。例如,新加坡政府制定和推行了一系列能够提高国民人文素养的措施,通过开展"艺术百分比"(Percent for Art)计划,采用设计独特、富有艺术气息的公共设施,在公共场所摆放雕塑、绘画等艺术品。^③

(二)专业知识指标分析

随着信息化、网络化、移动多媒体技术的快速发展,文化创意产业间的传统界限越来越模糊,电视、报纸、网络、手机等文化载体相互融合,难分彼此;戏曲、杂技、舞蹈、书法等文化创意产品互相交融,形成你中有我、我中有你的局面,如旅游景区中的实景演出,戏曲话剧、杂技歌舞的探索,等等。同时,文化创意产业与非文化创意产业间的分界也日益模糊:腾讯凭借微信,"兵临"移动城下;快餐巨头麦当劳开办"麦当劳电视频道";宝马汽车与杨丽萍合作原创舞剧;等等。跨界整合正成为日益重要的全球性文化创意产业发展趋势。

跨界本身并不复杂,简单来说是对不同资源进行不同以往的重新使用与合并,产生"1+1>2"的效果。跨界必先拆除思想的藩篱,打破思维的界限,运用跨界思维去整合资源,才能实现跨界整合的目的。以风行一时的"喜羊羊与灰太狼"IP为例。[IP即知识产权(Intellectual Property)的简称,泛指人类

---

① 石中英.中国传统文化阻碍创造性人才培养吗?[J].中国教育学刊,2008(08):2.

② 林崇德.创新人才与教育创新研究[M].北京:经济科学出版社,2009:107.

③ 姜文学.创意产业与创意人才培养[J].天津师范大学学报(社会科学版),2008(5):77.

基于思想进行创作活动而产生的精神上、智慧上的无形产物,如音乐(如曲词之创作)、书籍(如小说、学术论文之创作)、画作(如插画、漫画之创作)等。]电影《喜羊羊与灰太狼之虎虎生威》和《喜羊羊与灰太狼之牛气冲天》的总票房高达2亿2000万元人民币;图书发行产值近2亿元人民币;产品授权近200家,涉及门类达到了1000个以上,在服装、日用品、玩具、文具、食品、银行卡、邮政等行业的衍生产品,产值超过8亿元人民币。此外,还有同名杂志、舞台剧、狂欢节等项目未纳入统计。再如,2015年9月17日,天猫正式发布文创产业合作计划,联合图书、影视、艺术、体育等泛文化影视娱乐产业,打造全球最大的版权衍生品交易平台。

这就需要文化创意人才具有渊博的知识,多学科视野,能够由此及彼、由内及外,进行跨界思维。如果拘泥于某一专业知识,就会影响文化创意水平的发挥,难以形成优质的文化创意产品。

造成从业者专业知识结构单一的原因是多重的:过度的学术分科和专业分科,阻碍了学生的全面成长和个性整合。如艺术设计专业的学生有很好的视觉传达能力,但缺乏哲理思考和诗意凝练的修养;传媒专业的学生在影像和图像传达方面技能很强,但人文内涵显得比较薄弱;等等。文化创意人才学历层次不高,缺乏思维训练,专业知识结构不合理。根据文化创意产业的从业者的学历层次相关调查数据,大专学历、大学本科、硕士研究生及以上的比例分别为35%、59.2%、2%,还有3.8%的从业者没有学历证明。[①]

文化创意产业都在跨界求生,做电影的跨界做旅游,做话剧的跨界做影视等。如果从业者不能迅速转变自身知识结构单一的现状,培养跨界思维,将难以适应产业的发展,在职业发展中的空间会越来越小,乃至被淘汰。

---

① 石建莹,李茜,张雅丽,等.西部文化创意产业人才队伍建设现状调研分析[J].陕西行政学院学报,2015(2):16.

文化创意产业涵盖30多个门类,各门类之间具备一定的相关性,如果能将这些不同的领域进行有效的衔接,形成一个完整的产业链,将有利于推动文化创意产业的整体发展,实现全面提升。而实现这一目标,就要求文化创意人才拥有兼收并蓄、融会贯通的能力,需要他们善于汲取不同专业的创意元素,与自己所在专业融合,形成独特的风格。

我们需要认清文化创意产业学是一门综合性的跨界学科,按照"宽口径、厚基础"的要求,在掌握基本知识的基础上,拓宽知识面,并熟练掌握经济管理知识、市场营销知识、科技知识等。以新加坡的教育为例,其通过跨学科的交叉安排,实现拓宽学生知识面,夯实基础知识的目的,为此,新加坡一些理工学院纷纷开设影视动画课程,还有一些著名大学为了培养通晓多门学科的一流研究人才,增设了艺术、设计和媒体学院及媒体实验室,以建立自己的创意智囊团。[①]

(三)专业技能指标分析

文化创意产业具有很强的专业性,若缺乏足够的专业技能,将难以胜任具体的工作需求。而且,文化创意的实现需要借助专业技能来帮助转化为现实的产品与服务。就我国的文化创意人才来说,低端专业技能人才供大于求,高端专业技能人才和拥有两项以上专业技能的跨界复合型人才严重不足。

人才为了获得所需的专业技能,需要持续不断的努力。因为"一个人至少需要十年的努力才能胜任某项研究,需要一万小时的练习才能成为音乐家"[②]。这从动漫产业中可以得到证实。我国的动漫人才的结构性不足表现为,动漫技术人才占比最大,兼通艺术与技术的复合型动漫人才占比很小,

---

[①] 姜文学.创意产业与创意人才培养[J].天津师范大学学报(社会科学版),2008(5):78.
[②] 安德烈·焦尔当.学习的本质[M].杭零,译.上海:华东师范大学出版社,2015:77.

加之缺少整体动漫产业链的设计与布局,导致我国的动漫企业大多沦为国际文化创意公司巨头的"代工车间"。

(四)经验丰富性指标分析

很多人认为,创意的重要特征就是"新、奇、异",而事实上,"新"或"不同"的想法不是凭空产生的,任何所谓的"新事物"都是基于已经存在的事物。此外,判断事物是不是"新"或"不同",必须用现有的事物作为参考。泰国学者 Tan Bee Tin 研究发现,在创意的产生中,现有知识的不断重复和累积发挥着重要的作用。[①]这就需要具有丰富经验的文化创意人才。我们文化创意产业的发展历史,若从 2009 年颁布的《文化产业振兴规划》算起,至今已 11 年,这对于一个产业的发展来说还不到成熟的阶段。但就文化创意产业的不同大类而言,如新闻出版发行、广播电视电影、工艺美术品生产与销售等,它们为人才经验的储备提供了足够长的时间,应该说这些大类的文化创意人才的经验都是很丰富的。

经验的丰富性应该算是我国文化创意人才的一个优势。因为除了一些文化创意产业的大类具有悠久的发展历史外,我国的市场庞大,需求巨大,为文化创意人才提供了非常多的实践机会,可以为他们在相对短的时间内积累起丰富的专业经验。

但对于一些新兴的产业大类来说,文化创意人才的经验就显得不足了。因此,在加强理论学习的同时,更要在实践中勤于思考,总结成败经验,用工作案例的量的积累去弥补时间上的不足。

---

① Tan Bee Tin. Greativity, diversity, and originality of ideas in divergent group discussion tasks:the role of repetition and addition in discovering "new significant", or "original" ideas and knowledge[J]. Language and education,2003(17):128.

三、创意能力指标分析

（一）理念创新能力指标分析

理念创新是创新能力的一种,特指以新的理念去指导新的实践的过程。根据多个国际性组织推出的基于创新能力的国家排名,我国现阶段还不算创新强国。如在2014年9月3日,世界经济论坛(World Economic Forum)发布的《2014—2015年全球竞争力报告》(The Global Competitiveness Report 2014-2015)中,我国排名28位;《国家创新指数报告2015》显示,我国国家创新指数排名为第18位,创新能力居全球第27位。[1]这反映了我国文化创意产业发展所处的宏观社会环境,它必然对文化创意人才产生影响。创新是文化创意人才的共性特征,其表现为好奇心强,创新意识强,创新能力高,敢于探索,敢于冒险,具有强烈的责任感,擅长创造活动。文化创意人才的理念创新能力是影响我国文化创意产业发展潜力的重要因素。

根据中国和英国青少年科学创造力发展的对比研究,我国在科学课程、教学内容与方法、考试方式方法、教师教育思想与教育艺术上缺乏创新教育,不利于学生创造性的发展。[2]

理念创新是各种创新活动的源泉,表现为崇尚创新,拥有创新的激情和创新的追求。一个人具有渊博的知识和技能,但如果没有强烈的创新意识,也很难进行创新实践。那些在历史上取得巨大成就的人普遍具有很强的创新意识,他们的功业与创新程度和执着追求成正比。

有关文化创意产业从业者最重要能力的调查显示,53.61%的被调查者

---

[1] 蔡尚伟,李志伟,曹旭.文化产业:破冰扬帆正逢春——当前我国文化产业的机遇、挑战与政策建议[N].光明日报,2010-01-07(11).

[2] 林崇德.教育与发展——创新人才的心理学整合研究[M].北京:北京师范大学出版社,2002:234.

认为就是要有理念创新精神。①对于文化创意人才而言,虽然他们的创新思想可能不被大众所接受,但是他们特立独行、享受创新,愿意也敢于尝试新的事物。文化创意人才干工作,不仅仅是为了薪水,更是要找机会发挥专业特长、实现自我,因此他们更热衷于具有挑战性的创新工作。

原创能力是文化创意人才理念创新能力的最核心表现。我国文化创意产业目前遇到的瓶颈是原创能力不足。

原创,即创造出前人没有的东西,开辟出新的文化领域,这是文化创意产业的根基和生命。人的创造性是无限的,实现创新的途径是无限的。例如,美国迪士尼集团出品的动画片《米老鼠与唐老鸭》,先是出现在屏幕上,然后又被制作成玩具、服装,又被纳入迪士尼主题公园。迪士尼授权的许可产品在全球范围内都有销售,所有的销售额加起来,每年能达到1120亿美元,其中来自娱乐人物形象的销售额为290亿美元。迪士尼的秘密就是原创的成功。

原创能力不足的原因主要在于:

(1)传统的人才观念,即欣赏"老实听话""循规蹈矩"的学生,而将个性鲜明、自信心强、喜欢标新立异的学生视作另类,致使一些具有创新意识的人才被束缚。在招聘、晋升、职称评定、薪酬体系中,过于注重教育培训,偏重专业和工作经验,忽视工作表现,导致一些创新能力强的优秀人才长期得不到重用。

(2)体制以及体制带来的观念方面的约束。在我国的文化领域,市场的主导地位尚未建立,传统的文化管理体制还在一定程度上制约着文化创意的力量。从学前教育到博士教育,一些模式化教育迫使学生放弃个性,放弃创造性思维和创造性追求。虽然,目前国家在文化管理体制上进行了重大

---

① 刘扬.近两成从业者年薪10万元以上[EB/OL].(2006-12-18)[2016-11-21].http://news.sohu.com/20061218/n247099506.shtml.

改革,正在消除阻碍性因素,但法律体系不健全完善,对知识产权的保护不够,文化创意人才的产权保护意识和维权意识不强,而这需要一个漫长的过程去完善。

(3)一些文化创意人才缺乏创新思维和人文思维,急功近利。钱钟书先生在1992年就曾对此有过批评:"崇高的理想、凝重的节操和博大精深的科学、超凡脱俗的艺术,均具有非商化的特质。强求人类的文化精粹,去符合某种市场价值价格的规则,那只会使科学和文艺都'市侩化',丧失其真正进步的可能和希望。"①缺乏理念创新能力,是很多过度商业化行为产生的真正原因,反映出文化创意人才急功近利,无视乃至蔑视艺术的崇高和对理想的追求。戏说、复古、克隆、模仿成风,"三俗"现象较为普遍。

(4)创造性人格没有得到充分发挥。美国心理学家亚伯拉罕·马斯洛(Abraham Maslow)曾特别指出:"创造性的问题就是有创造力的人的问题(而不是创造产物、创造行为等的问题)。"②创造性人才不一定都有高智商,或者说,高智商的人不一定就有创造性,关键在于他们是否具备创造性思维和创造性人格。创造性人格是美国心理学家 J. 吉尔福特(J. Guilford)首次提出和使用的。创造性人格作为衡量创造性人才的重要维度,在创新活动中起主导作用。

(二)学习转化能力指标分析

学习是一种认知与实践活动,不仅要在学校通过书本学习知识,还要在生产实践中凝结智慧,再转化为知识。把学习的成果应用于实践,推动实践的创新,是学习的主要目的之一。这样学习与实践就形成了不断循环的闭环结构。

---

① 王能宪.原创性文化是文化产业的动力和源泉[N].光明日报,2004-09-01(5).

② 匡瑾璘,牟敦山.人的创造性与有创造性的人——马斯洛创造性思想探微[J].理论探讨,2000(2):33.

　　即使面对相同的环境条件和学习内容,不同的学习者的学习结果也是不同的。这是学习能力的差异造成的。在文化创意产业中,学习能力的重要性就凸显在它为其他能力提供的基础功能上。教育界权威人士对此进行了解释:未来社会所说的"文盲",将不再是指不能识字看书的人,而是特指没有学会怎样学习的人。①

　　根据测算,一个大学毕业生所学习到的知识,在毕业之后的 2 年内,有效的只剩下 5%。②那么作为以创新为使命的文化创意人才,要满足未来现代科学技术的发展所应具备的知识结构,要提高自己的知识转化能力,必须要提高学习能力,更把学习成果转化为实践技能,促进实践创新。

　　在文化创意团队中,学习转化能力具有重要的作用,因为文化创意是"喜新厌旧"的行业,每一次创意都是一次新的探索,原有的知识结构只能提供一种创意基础,所以要随时根据创意的需要,学习新的知识,并且能够把新学到的知识迅速转化为能力,这就需要学习转化能力。

(三)资源整合能力指标分析

　　文化创意产业具有渗透力强、整合力强和聚集力强的特点。文化创意产品或服务不是从传统的产业发展路径中产生的,而是来自对原来分立的资源的跨界融合,通过融会贯通,变众美为一美,形成具有吸引力的文化创意产品或服务。文化创意产品不仅需要好的创意构思,也需要把创意成果转化为现实产品,从而实现其精神价值和经济价值,否则就不能称为文化创意产品。这就要求文化创意人才具有强大的资源整合能力。

　　所谓资源整合,就是将似乎不关联的事物结合起来,创造出一种新的东

---

① 王媚霞.以兴趣促发展——谈如何培养学生自主学习的能力[J].教育实践与研究,2003(11):37.

② 任柯."知识失业"的经济学分析——以我国高校毕业生就业难为例[D].西安:西安理工大学,2006:78.

西,使各种资源的价值实现增值。资源整合的目的是优化资源配置,获得整体的最优。在整合过程中要进行认真的识别与选择,针对不同来源、不同类型的资源,进行有效的配置,激活资源的价值,使整合后的资源价值实现倍增,并进一步创造出新的资源。

文化创意活动往往是一种需要整合不同资源的,高成本、高风险的创造性工作,所以文化创意人才必须有一定的资源整合能力,即找到和获得更好地利用创新资源的能力,如创新技术、创新组织、创新信息、创新材料等。

资源整合能力的基础是良好的沟通能力。对文化创意人才的调查显示,在创意性人才必备的能力和素质的选项中,43.3%的被调查者认为是沟通能力。①以企业中的文化创意人才为例,不仅在企业内部,沟通能力具有重要性,而且在产品推广的全过程都有体现。因为很多文化创意项目都需要通过团队合作的形式进行,而团队合作的成果取决于成员间良好的沟通和表达,而团队合作成果的优劣也直接影响到企业经营的效果。

文化创意人才的资源整合能力不强主要体现在文化创造产品的策划和生产两个方面。在策划阶段,缺乏独到眼光,不善于利用发散思维、跨界思维等开放性思维方式,把别的产业资源拿过来为己所用,导致创造出的产品在原有的发展框架中打转,不能满足日新月异的消费需求。在生产阶段,因为缺乏其他行业的信息和资源,难以把好的创意实施到位,或导致整合成本过高,让创意的优势被削弱。

(四)市场把控能力指标分析

在文化创意产业中,从文化活动或产品的规划和创造,到传播和营销的全过程,经济因素都在其中,在取得良好的社会效益的同时,创新成果也会

---

① 刘扬.近两成从业者年薪10万元以上[EB/OL].(2006-12-18)[2016-11-21].http://news.sohu.com/20061218/n247099506.shtml.

实现更大的经济价值。

文化创意人才要了解市场,能够准确预测和把握市场,根据市场的特性进行文化创意活动;应洞察不同类型的文化和经济活动的特点,从文化创意活动的投融资、文化创意活动的预算,对经营成果、文化创意产品营销等进行评估和审计等,以达到最佳的经济效益。

这就要求文化创意人才拥有较强的市场把控能力。文化创意人才市场把控能力的培养来自文化创意人才的市场实践,经历文化创意从理念转化为产品,进入市场转化为商品,成为人们的文化消费对象这样完整的过程,文化创意人才才能够真正认识市场,形成较强的市场意识,从而应用到今后的文化创意中。因此,要为文化创意人才创造参与市场的机会,让他们亲身体验自己的创意转化的过程,亲眼见证转化的成果,这样才能在今后的文化创意中,坚持与市场的无缝对接,准确把握市场需求,树立品牌概念,推进文化创意产业的健康发展。然而,目前,中国的文化创意人才很多没有经历过这样完整的转化经验,多数只负责创意,后期就不再参与,因此自身市场运作经验不足,未能在创意与市场需求之间形成良性的循环,或者出现创意虽好却执行不到位的情况,或者产生"不接地气"的文化创意,或者对文化创意的市场价值估计不足,没能进行有效的保护,甚至造成利润的损失。以我国的动漫市场为例,因为文化创意人才的市场把控力不强,造成巨大的利润流失。有学者初步估计,仅史努比、米老鼠、凯蒂猫、皮卡丘和哆啦A梦5个卡通人物的相关文化创意产品,每年会从我国带走6亿元人民币的收益。[①]

(五)解决问题能力指标分析

在现实生活中,文化创意就是用新方法解决老问题或新问题,创意质量的优劣就体现在创意是否有效解决了问题。这就需要文化创意人才具备较

---

① 孙福良,张乃英.中国创意经济比较研究[M].北京:学林出版社,2008:5.

高的解决问题能力。解决问题能力是指在特定的情景中，根据一定的目的，应用相应的知识、技能和资源，使问题得到有效解决的能力。一般情况下，问题解决过程可以分为四个阶段。

第一阶段：发现问题。该阶段是思维积极主动性的表现，是解决问题的基础与前提。第二阶段：分析问题。该阶段要明确问题的性质，弄清问题的主要矛盾，确定要解决问题需要具备的条件和因素。第三阶段：提出假设。根据以上两个阶段的成果，提出可以有效解决该问题的方案。在方案中应包括需要采取的原则、遵循的具体工作路径和方法等。在常态情况下，解决问题的方案存在着多种可能，因此提出的假设不会是唯一的，而是根据情况的变化而变化。但是提出假设对于问题的解决具有关键价值：正确而有效解决问题的假设方案，可以引导问题得到顺利的解决；相反，如果假设不正确或无效，就有可能把问题的解决引入歧途，导致走弯路，甚至有碍于问题的解决。第四阶段：检验假设。提出解决问题的假设后，就需要对假设方案进行检验。假设的检验方法通常有两种：一种是在实践中进行检验，即按照假设方案推进问题的解决，通过实施效果对假设进行检验。如果按照假设方案实施，取得了有效结果，即把问题解决了，那就证明该假设是正确的；反之，就证明假设是错误的。这种检验方法对假设的检验是彻底而真实的，但这种方法的弊端是具有不可逆性。当问题十分重大，问题的解决成败具有重大影响时，一般不采用这种方法。另一种检验方法是通过心智活动进行推论。如果推论的过程和结果合乎逻辑，就可以初步认定该假设是正确的。这种检验方法常用在假设方案短时间内还不能立即实施的情况下。但必须指出，即使这种检验证明是正确的假设方案，也需要在问题的具体解决过程中进行验证，需要得到实践结果的证实。以上两种检验方法，不论哪种，如果未能取得假设中的结果，就需要重新提出假设方案，并对新假设方案进行重新检验，如此重复以上程序，直至获得正确结果，问题才算解决。

问题解决能力可以分成三种能力：预见力、决策力和执行力。根据信息进行结果导向的预见能力就是预见力。文化创意人才经常面临如何解决问题的困境,无论在时间上还是在资源上都不允许调查完所有情况后再拿出解决方案。在这种情况下,问题解决能力强的文化创意人才可以在限定的时间内通过很少信息就能找到最佳方法,从而提高文化创意的成功率。根据有效信息高效率做出决策的能力就是决策力。现代社会信息过载是常态,文化创意人才经常需要在大量的信息中做出准确的决策,这影响着文化创意人才问题解决能力的发挥。在制订解决问题的方案后进行任务分解并推动执行的能力就是执行力。

第五章　文化创意人才的"树形培养模式"的建构

　　通过对文化创意人才胜任力模型及指标分析,本书发现创意者人格指标部分占有很大比重,但被忽视的情况也最为严重,甚至在政府、高校、企业的培养系统内,处于"三不管"地带,人们默认这属于不证自明的既定条件。而在胜任力视角下,本书发现位于"冰山以下"的创意人格具有不容小觑的能量,对文化创意人才胜任力的提升起着关键性的促进作用。

　　人格是一个人稳定的心理特征的综合,是"个体思维、情感和行为的特异性模式,以及在这些模式之下、能够或不能够被观察到的心理机制"[①]。"人不是按照由基因图谱规定的固定路径来发展自己的,人格主要是在人与社会文化环境的交互作用所形成的一个复杂的因果活动过程中得到发展的,内在因素、外部行为、社会环境三者是交互作用的。"[②]

　　积极心理学认为,通过培养积极人格,可以对人所固有的积极力量进行培育,从而消除或抑制人性的消极方面。培养积极人格的方法之一是积极体验。积极体验主要有两种类型:感官愉悦和心理享受。心理享受类积极

[①] 王登峰,崔红.人格结构的中西方差异与中国人的人格特点[J].心理科学进展,2007,15(2):196.

[②] Caprara G V, Cervone D. A conception of personality for a psychology of human strengths:personality as an agentic,self-regulating system[M]. US:American Psychological Association,2003:62.

体验有利于个体的成长和幸福感的产生,常常与个体的创造和创新相关联。

人格系统的构成要素不是固定不变的,而是随着个体的自我选择、自我调控以及外界环境和教育的影响而逐渐发生变化的。当变化达到一定的程度,各构成要素在人格系统中的地位和作用以及它们的联系或连接方式也会发生改变,最终会改变人格系统的整体结构和整体功能。

创意人格的养成受到社会、家庭、学校等诸多方面的影响,其中社会教育、学校教育和家庭教育的有机结合是培养创意人格的必要条件,三者的关系体现为:学校教育是主体;社会教育是学校教育的外部,是学校教育的继续和发展;而家庭教育则是学校教育和社会教育的基础。

政府、高校、企业三个培养主体,携手合作培养人才已久,但要完成培养创意人格的任务,还远远不够。如何调动起创意人格这部分能量,如何让它与创意基础、创意能力产生更多的火花,这是我们建构文化创意人才培养模式必须思考的问题。

鉴于此,本书尝试对当前的文化创意人才培养模式加以优化,在胜任力理论指导下,借助三螺旋创新理论的理论架构与互动机制,初步建构以激发人才创意潜能为核心,涵括政府、高校、企业和创意者四个子系统的互动的人才培养模型,简称文化创意人才的"树形培养模式"。

第一节　"树形培养模式"理论的建构

创意人才被形象地比喻为创意生态系统中的绿色植物,他们为整个创意经济的生态链提供终端能量,成为创意经济产业最基础最重要的部分。[①]

---

① 张琦璋,陈雪梅.创意阶层的审美人格塑造[J].东北师大学报(哲学社会科学版),2013 (2):209.

教育是农业不是工业,是一种慢的艺术,是一种精神的活动,只要创设最有利于创新的环境与文化,各种类型的创新人才就会源源不断涌现出来,我们不仅需要创新的天赋,更需要调动天赋的制度设计。①

从图6-1可以看出,"树形培养模式"的形状恰似圆环围绕的一棵大树。圆环由政府、高校、企业三个不断循环的箭头构成,三者形成了能量生态环,创意者就是能力生态环环绕的大树。

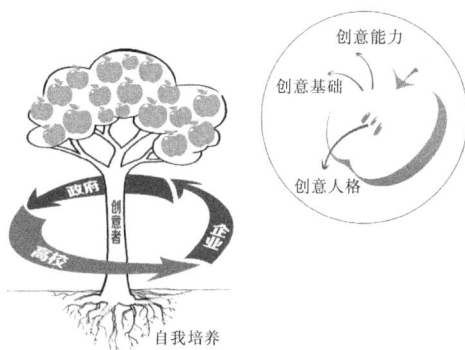

图6-1 "树形培养模式"示意图

自我培养是创意者之树的根,通过调动起自我培养的主观能动性,可以把创意者的创意潜能激发出来,从而提升创意者的创意能力。创意者的主观能动性承担的功能类似大树中的导管和筛管。在创意者之树中,位于木质部的导管,向上输导水与无机盐(创意潜能),提供树生长所需的最根本的能量。筛管则在韧皮部,向下输导有机物(政策、制度、资金等),用来满足创意之树生长所需要的营养,这样才能更好地吸收政府、高校、企业提供的"阳光雨露",经过"光合作用"形成营养,滋养创意者之树,进而让创意者之树根深叶茂,生长得更加茁壮。创意者之树生长的目标,是在限定的条件下,结出最多、最好的果实。果实就是文化创意人才的胜任力,其中果实的内核是创意

① 戚业国.我国大学创新人才培养的实践反思[J].中国高等教育,2012(9):37.

人格,果肉就是创意基础和创意能力。

同时创意者之树也会为政府、高校、企业组成的能量生态环提供能量。能量的大小根据创意者之树的成长状况决定,创意者之树越茁壮,提供的能量就越多。这样由政府、高校、企业组成的能量生态环就与创意者之树构成了一个具有新陈代谢功能的"生命体"。

一、"树形培养模式"的关键创新点

1. 文化创意人才培养需要合力

环境和教育对创意者潜能的开发和培养起着至关重要的作用。对于文化创意人才培养来说,政府、高校、企业三者不是单独发挥作用的,而是融为一体,难以分开的,三者之间相互影响、相互促进,而且无限循环。正如图6-2所展示的,文化创意人才的培养需要宏观、中观、微观三个层面的合力,其中政府、高校、企业构成了宏观环境,政府与高校的互动、政府与企业的互动、高校与企业的互动构成了中观环境,而创意者自身构成了微观环境,这

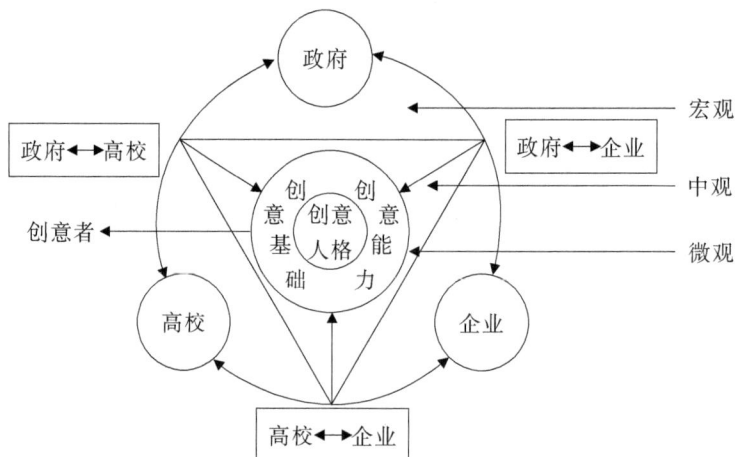

图6-2 "树形培养模式"运行机制示意图

三个层面的合力彼此影响,相互促进或削弱。"树形培养模式"就是追求三个层面合力的和谐互动,从而使创意者的创意潜能得到某种程度的发展,甚至可以发展到较高的水平,实现最佳的胜任力。

2. 文化创意人才培养需要调动起人才的主观能动性

文化创意人才培养的基点在于人才的"自我培养",政府、高校、企业的作用必须通过调动人才"自我培养"的主观能动性,才能发挥出应有的作用。

3. 文化创意人才的胜任力以创意人格为内核

"树形培养模式"强调,通过吸收政府、高校、企业三方的能量,在创意者之树上结出累累硕果,但果实最重要的部分,是内核,即创意人格。因此,要把文化创意人才的创意人格作为人才培养的重中之重。

二、对"树形培养模式"的理论阐释

1. 文化创意人才的培养类似于生命的孕育

人才的培养不是工业产品的生产,而是类似生命的孕育,需要外部环境的优化和自身的培育。以"树形培养模式"命名文化创意人才的培养模式强调,人才不是工业化生产出来的,没有统一的生产线,没有固定的配方,也不可能在短期内批量化生产出来,而是要作为一个长期工程,秉承"百年树人"的理念,优化生长环境。恰似把一颗种子栽种在土壤里,创意者的自我培养就是根,固土、强根,让丰富的营养在导管和筛管中循环流动,保证树的每个部分获得充足的营养,同时把有害物质带走。阳光普照,风调雨顺,树的枝叶才能茁壮生长;同样文化创意人才需要公平地拥有接受培养的机会,来提升自身的能力,激发自身的潜能。而树长到一定程度,并不是枝叶越繁茂越好,而是需要根据每一棵树的用途和特性进行修剪,让树能够把营养用在最需要的地方。因此,也需要以文化创意人才胜任力指标为考核标准,对文化创意人才的胜任力发展进行调整,而不是任由人才随性地发展,若缺乏引导,结果可能会背离初衷。必须强调的是,种子不同,对于土壤、阳光、水分、温度等生长要素的需求也不一样,苛求所有的人才在同一种培养条件下,都达到同样的效果,是违背生命的成长规律的。

2. 创意者的自我培养是大树的根

创意者的自我培养是大树的根,是提升文化创意人才胜任力的基础;通过培养创意者,才能更好地吸收政府、高校、企业提供的能量。同时,创意者可以通过自我培养产生更多的能量,回馈给政府、高校、企业组成的能量生态环。

人的创造能力并非完全来自学校教育,恩格斯指出:"就单个人来说,他的行动的一切动力,都一定要通过他的头脑,一定要转变为他的意志的动机,才能使他行动起来。"①创意者需要面对社会的需求,强化个体的主体意识,激发自我培养的内在需求,打开眼界,改变学习方式,变被动为主动地接受知识,培养自身的创意人格,虚心学习一切先进的技术和知识,包括思想、文化等。

自我培养是一个积极的不间断的过程。创意者需要根据自身的水平、个性和学习的内容,采用不同的学习方式,才能更好地调动起自身的学习积极性、主动性,才能更好地推进自我培养。

自我培养,需要创意者培养自己的思维独立性,消除束缚潜能的种种障碍,自觉学会培养和提高获得信息、积极交谈的能力与艺术,努力营造良好的成长环境,通过超越常规的创意思考,实现创意者的自我催化。

3. 创意者是提升文化创意人才胜任力的"催化酶"

政府、企业、高校对文化创意人才的培养作用不能直接作用于胜任力,而是要把创意者作为教与学的主体和积极建构者的角色调动起来,通过创意者的"催化酶"功能,把施加于人才胜任力的培养作用激发出来。因此,要

---

① 侯钧生.西方社会学理论教程[M].天津:南开大学出版社,2010:251.

重视和发挥好创意者在提升文化创意人才胜任力中的"催化酶"的作用。

4. 文化创意人才的培养效果是多重的

对文化创意人才的培养,体现在知识、技能、性格、价值观等多个层面,其中既包括短期见效的、外显的创意基础和创意能力,又包括需要长期培养和熏陶的创意人格。对于文化创意人才的成长而言,创意人格更为重要。

第二节　"树形培养模式"的内涵解析

"树形培养模式"作为一种人才培养模式,需要具备基本的组成部分,即理论基础、培养主体、培养目标和机制。下面将对这三个部分进行阐释。根据"树形培养模式",创意者的自我培养是文化创意人才的"根",只有做好自我培养,才能更好地把政府、高校、企业的影响力转化为文化创意人才的成长动力。从这个意义上讲,创意者就不再是单纯的受教育者,而是与传统的培养主体(政府、高校、企业)一起,形成一个新的组成部分——"树形人才成长共同体"。下面的内容对原来的培养主体部分进行了调整,改为"树形人才成长共同体",做进一步阐释。

一、"树形培养模式"的理论基础

21世纪以来,人类社会从工业社会转向知识经济社会,这使得对具有创造能力的人才的需求变得越来越迫切。同时,脑科学方面在高级认知机制的研究,也证明了人脑具有近似无限的开发潜力,为创新型人才的培养提供了科学依据。另外,教育理论也从"学校中心"向"学生中心"转移,重视对学生的主观能动性的调动。

1. 联通主义学习理论

联通主义学习理论(Connectivism)由加拿大学者乔治·西蒙斯(George Siemens)在2005年首先提出。联通主义面对WEB2.0、社会媒体等技术及知识更新速度日益加剧的社会大环境,探讨了在开放、复杂、快速变化、信息大爆炸时代学习是如何发生的这一问题。

《联通主义——数字时代的学习理论》(*Connectivism: A Learning Theory for the Digital Age*)是联通主义创立的重要标志,西蒙斯在文中系统提出了联通主义的思想,指出学习不再是内化的个人活动,学习是连接专门节点和信息源的过程。

联通主义表达了一种"关系中学"(Learning by Relationships)的观念,学习的起点是个人,个人的知识构成了一个网络,这种网络被编入各种组织与机构,反过来各组织与机构的知识又被回馈给个人网络,支持个人的继续学习。

联通主义对学习能力高度重视,认为学习就是创造知识的过程。学习者受到了自我导向和网络导向的引导,通过如电子邮件、社区、对话、网络搜索、邮件列表和阅读博客等主要渠道,在交互式学习中不断成长。教师是学习的促进者,影响和塑造着整个网络。因此,联通主义学习的内容从来不是静止的,而是保持没有完成的状态。

联通主义学习理论的发展吸收了很多理论,并且大部分来自社会建构主义。①

2. 社会建构主义

社会建构主义理论(Social Constructivism)②由苏联心理学家维果茨基(Lev Vygotsky)创建。维果茨基对环境更加重视,在他看来,施加于客体的

① 王志军,陈丽.联通主义学习理论及其最新进展[J].开放教育研究,2014(5):11-28.
② 严雪怡.从建构主义理论视角谈学生创新能力培养[J].职业技术教育,2002,23(28):7-8.

行动,其实质是一种社会媒介,即一种与他人的关系。[1]社会建构主义的主要论点包括:(1)个人与社会是相互联系、密不可分的。(2)知识来源于社会的建构。(3)学习与发展是有意义的社会协商。(4)文化和社会条件在认识和发展中起着重要的作用,从历史、社会环境和它们之间的关系中进行理解。(5)教师(专家等其他有丰富知识、经验的人)、文化与语言决定着学习者认知发展的方式和速度。(6)认知发展中存在两个水平,即"现有发展水平"与"最近发展区"。(7)学校中的学习不能与"真实世界"中获得的知识相分离。[2]

3. 学习社会理论

借助联合国教科文组织的倡导,以及不少国家的实践,学习社会理论(The Theory of Learning Society)成为一种教育思潮。1968年,美国教育家、永恒主义教育流派的代表人物罗伯特·梅纳德·赫钦斯(Robert Maynard Hutchins)在《学习社会》一书中提出学习社会的理念。赫钦斯基于成人教育思想,提出了在未来任何时候都应实现成人教育,其意义最终指向学习社会。学习社会的实质是满足社会各成员的需要和目标,为社会和谐发展和自身进步做出贡献。(1)树立学习理念,适应人类发展和社会发展的需要,强调各方面素质的全面和谐发展。(2)未来教育的发展趋势是教育的社会化,应保证教育公平和学习需求,保障个人的学习机会,学习和教育成为一个完整的社会系统的结构与功能。[3]

2015年5月21日,联合国教科文组织等机构召开的2015年世界教育论坛,会议通过了《仁川宣言》。该宣言强调,2030年的教育愿景是要实现包容

---

[1] 安德烈·焦尔当.学习的本质[M].杭零,译.上海:华东师范大学出版社,2015:27.

[2] 严雪怡.从建构主义理论视角谈学生创新能力培养[J].职业技术教育,2002,23(28):5-8.

[3] 郑准.面向学习社会教育理论的嬗变[J].华南师范大学学报(社会科学版),2005(5):105-110.

与公平的全民优质教育和终身学习,承诺在所有环境中以及在各级教育中增加优质的全民终身学习机会;并要提供灵活的学习途径,承认、验证和认证通过非正规与非正式教育获得的知识、技能及能力。[①]

二、树形人才成长共同体

在人才培养的宏观、中观和微观视野中,"树形培养模式"里的政府、高校、企业、创意者四者构成了"树形人才成长共同体",从不同层面推动培养主体发挥更强大的功能。

作为宏观意义上的培养主体——政府,针对文化创意产业的发展需求,制定本国或本地区的文化创意人才培养战略、法律、政策、制度、教育规划、培养目标及培养标准、考核办法和激励制度,营造和谐而利于创新的社会环境等。高校是主要的教育实施者,是狭义上的培养主体,在为文化创意人才提供基础知识,培养技能,进行文化熏陶等方面发挥着核心作用。企业是文化创意人才的使用者和微观培养主体,立足企业发展实践,对文化创意人才进行针对性的培训,通过"干中学"提升文化创意人才的创意能力和实践经验。创意者是贯穿文化创意人才一生的学习主体和创意的生产者,具有把政府的人才规划、教育政策与学校教育和企业培训、实践融汇成自身创意能力的职能。

三、"树形培养模式"的目标与机制

在不同的培养阶段,"树形培养模式"的培养目标会有所变化。但基本

---

① 陈丽,林世员,郑勤华,等."互联网+"时代中国远程教育的机遇和挑战[J]. 现代远程教育研究,2016(1):5.

原则是一致的,那就是以文化创意人才胜任力模型为参照标准。

在文化创意人才培养过程中,"树形培养模式"中的四个子系统——政府、高校、企业、创意者,需要密切合作,相互作用。四方的作用不能简单划作四等分,他们针对不同的培养目标和培养阶段,发挥出不同的作用。同时,四方之间可以通过两方、三方或四方合作,产生叠加效应,对培养效果产生更大的影响。在培养过程中,四个子系统的每一方都保持自己的独立身份,形成三螺旋互动关系系统。在这个系统中,良性运行的必要条件是四方之间高度的同步性。任何一方的落后和削弱,都会影响其他各方作用的发挥,从而影响到最终的培养结果,这种四方的协同[①]合作关系贯穿于文化创意人才培养的全过程。

---

① 转引自王君华.基于系统协同管理的概念模型[J].经济师,2006(9):212.

第六章 文化创意人才"树形培养模式"的实施策略

第一节 政府、高校、企业间能量生态环的打造

"树形培养模式"提示我们,文化创意人才的培养,是处于政府、高校、企业构成的无限循环的能量生态环之中的,生态环提供了创意者之树成长所需的环境和能量。为了与创意者之树形成良性的能量循环,政府、高校、企业需要为文化创意人才创意潜能的挖掘,提供适宜的生长环境。正如树木成长,需要地肥水美、适足的阳光雨露,文化创意人才的培养需要营造有利于创新的社会环境,让创新成为一种必然选择。"越来越多的研究表明,环境在学习中发挥着决定性作用。"[1]"一个在刺激和互动方面非常'丰富'的环境有利于学习,能够促进大脑皮层厚度的增加,神经元的细胞体会增大,树突会产生分叉。"[2]政府、高校、企业针对创意者之树组成的能量生态环主要体现在以下几个方面。

---

① 安德烈·焦尔当.学习的本质[M].杭零,译.上海:华东师范大学出版社,2015:40.
② 安德烈·焦尔当.学习的本质[M].杭零,译.上海:华东师范大学出版社,2015:41.

一、建立文化创意人才培养的长效机制

文化创意人才的长效培养机制是站在国家未来经济发展的高度,着眼文化创意产业升级的全局提出来的,是人才培养的战略思考,需要政府、高校、企业合作完成。

在人才培养长效机制问题上,英国政府牵头对文化创意人才实施的培训工程,无疑是一个可资借鉴的经验,这项工程不光涵盖英国文化和传媒体育部,还涉及英国贸工部、外交部等政府机构,具体如下:"一是英国产业技能委员会等机构设立人才再造工程,在高校或研究机构建立创意人才培养基地,加强创意专业人才的培养;二是重视青少年的艺术教育和创意能力培养;三是加强国际人才交流与合作,在相互学习中激发民众的创新和创意能力;四是整体提高设计业在经济活动中的地位和全球竞争力,大力引进国际资本和创意企业,吸引人才汇聚英国,使英国成为世界创意之都;五是为有志从事创意产业的青年提供信息咨询和服务,鼓励研究生等高级人才将学习研究与创业相结合。"①

现阶段,在我国建立文化创意人才长效培养机制十分必要。当前,我国正在全力建设创新型国家,创新性国家的核心内容离不开高层次的创造性人才。

近年来,首先,我国"985工程"、"211工程"以及"国家优势学科创新平台建设项目"对文化创意产业相关学科给予重点扶植,研讨实施专门的人才培养方案,这表明国家对建立文化创意产业人才长效培养机制非常重视。

其次,建立人才培养长效机制,要进一步明确文化创意人才培养的总目标,针对文化创意产业特点,健全培养机制,把它与全民教育、终身教育深度

---

① 刘恩东.英国文化创意产业发展中的政府定位[N].中国经济时报,2015-07-07(6).

结合起来。在总结我国目前培养创新人才经验的基础上,要统一思想,统筹资源,精心部署,支持创意人才的培养;从幼儿园到小学、中学、大学、职业培训,构建系统化培育体系,贯彻创造力培育的理念,探索良好的"政用产学研"合作机制("政用产学研"是一种创新合作系统工程,是生产、学习、科学研究、实践运用的系统合作,是技术创新上、中、下游及创新环境和最终用户的对接与耦合,是对产学研结合在认识上、实践上的又一次深化),为我国文化创意人才的长期发展奠定基础。

最后,要以政府为核心制定吸引和留住文化创意人才方面的优惠政策。比如针对文化创意人才,政策上可制定灵活的培养及引进机制;在分配形式上,可在现有的分配制度基础上,探索更适合激励机制的分配形式,如给予员工知识产权入股、管理入股的机会。

二、制定文化创意人才培养战略规划

文化创意产业是中国社会经济发展总体战略布局中的重要一环,它不仅是文化部门的事,而且是全党的工作,需要建立健全党委统一领导、党政齐抓共管、社会力量积极参与的工作格局;把文化创意人才的培养纳入人才开发的总体规划,与经济技术人才共同谋划;把文化创意人才培养纳入文化管理机关领导班子绩效考核的重要内容,共同推进文化创意人才培养战略规划的制定和实施。

以科学发展观为指导,解放思想,转变观念,把不符合文化科学发展的思想、不符合文化科学发展的做法清理出去。进一步健全文化管理机制,实现党委来领导,政府负责管理,企业讲究自律,社会参与监督的良性运转,打造富有活力的文化创意产品生产经营机制,全力营造有利于出精品、出人才的良好环境。

三、营造有利于文化创意人才培养的人文环境

文化创意人才能否发挥出全部潜能,往往受限于自己所生活的人文环境。当全社会为文化创意人才营造出适宜的人文环境,他们才更容易张开想象的翅膀,挥洒创造的激情。这种人文环境的营造需要政府、高校、企业的共同努力。

弗罗里达认为:"充实的商品市场及服务,由优美的建筑和城市规划等形成的良好城市外观,低犯罪率、良好的学校等公共服务,便捷的交通及通信基础设施,这些都为创意人才提供了良好的居住环境。"[①]公共基础设施是宣扬城市文化,传承人文与历史的有效载体,有助于营造出良好、和谐的城市文化氛围,让文化创意人才的工作灵感得到最大激发。因此,政府应该把公共基础设施作为人文元素来抓,这对长久打造文化创意经济具有不可忽视的作用。全社会应树立以培养创新能力为目标的理念,为每个人提供良好、充分的发展环境,引导社会成员更有洞察力,更追求卓越。

保证人文环境的多样性和宽容性对文化创意人才来说特别重要,置身在这样的环境中,他们更有可能找到自己的同类,惺惺相惜,激发出更多、更大的创意火花。把奖励机制安放在人文性的环境中,更能体现环境的包容性,文化创意人才也会更乐于接受挑战。自然科学可以通过实验来验证效果,而创意没法通过实验进行验证,只能在实践中去证明。文化创意人才在开发产品的过程中失败是正常的。这在一定程度上,也是一种实验成本。我们首先要包容文化创意人才的失败,然后积极地总结经验教训,优化各类制度和管理流程,帮助人才降低失败的概率,减少错误造成的损失。创意人

---

① 宋春光,闫秀荣.文化产业创意人才发展影响因素分析[J].黑龙江社会科学,2013(6):55.

才不惧怕竞争,惧怕的是烦琐而又落后的管理制度和环境。当环境自由充满弹性,施展舞台无限大的时候,他们会渴望竞争,在竞争中总结经验,超越失败。

在文化创意人才成长的环境中,家庭是第一环境,是第一所学校,父母是第一任教师,是第一责任人。在文化创意人才的培养中,家庭教育具有学校教育不可替代的作用。心理学家认为,家庭教育在整个教育和人一生的成长之中,具有其他教育不能替代的特殊地位和重要作用。马克思和恩格斯曾说过,孩子的发展能力取决于父母。[①]德国著名教育心理学家戈特弗里德·海纳特(Gottfried Heinelt)指出,促发创新力最重要的因素就是父母,家庭中轻松、无拘束和活泼的气氛有助于创新活动的开展。针对科学家的研究也表明,科学家的创造力不是成人后通过培养才形成的,也不是单靠学校教育就能形成的,而是在未成年之前,生活在一个具有创造因素的环境中。[②]父母应该学会给孩子营造一种体现爱与和谐的氛围。

在家庭培养过程中,不能只重视孩子的学习成绩,更要重视营造民主和谐、求知上进的家庭氛围,推动孩子道德品质、身体、心理全方面健康发展。父母要加强自身修养,多学教育知识,不断提高自我的道德修养,通过言传身教对子女进行健康积极的价值观教育,让子女明辨是非,增强自我意识。

总之,适宜的家庭环境是培养文化创意人才的源头和基础,是学校教育的有力助手和必要补充。所以,社会应该加强对家长的培训和教育,引导他们在培养孩子创新精神和实践能力方面下功夫。另外,对家庭教育需要的公共设施也要加大投入。

针对文化创意人才喜欢的生活方式,可以从公共环境方面进行塑造,以便吸引更多的文化创意精英。如新加坡政府为加速发展创意产业,采取了

---

① 宋惠昌.马克思恩格斯的伦理学[M].北京:红旗出版社,1986:183.
② 联合国教科文组织21世纪教育委员会.教育:财富蕴藏其中[M].北京:教育科学出版社,1996:前言.

一系列措施提高国民人文素养。开展"艺术百分比"计划,在公共场所摆放雕塑、绘画、装置等艺术品,采用设计独特、富有艺术气息的公共设施。[①]

在加强公共环境塑造的同时,应加强公共舆论引导,提高消费者对文化创意产品的的欣赏水平,提高对奇思妙想的文化创意人才的宽容度,激发文化创意人才的想象力和创造力。此外,在全社会营造"创意创新为荣,抄袭剽窃为耻"的舆论氛围,打造"尊重知识、尊重人才、尊重创造"的舆论环境,也能鼓励文化创意人才标新立异,不断创新,开展探索性的创作。

文化创意人才的培养,是全社会的责任,需要制订出完善的人才培养保障计划,为文化创意人才培养战略的实施、培养计划的落实保驾护航。

四、建立政府、高校、企业、创意者间的互动交流机制

"树形培养模式"提示我们,文化创意人才的培养是政府、学校、企业、创意者四个子系统联动,合力打造的系统工程,四个子系统在培养人才上需要实现高度的同步性,若有一方偏弱,就可能消减其他三方的努力和功效,因此需要建立四方互动交流机制。

四方互动交流机制的目标是协调政府、学校、企业、创意者四个子系统的力量,在目标设定、步骤实施、工作方式、标准制定、保障落实等方面,保持高度的同步性。单独一方的突破,很难对文化创意人才的培养效果起到明显的正向效果,有时甚至可能好心办坏事,出现负面效应,这不仅不利于营造创新的社会环境,还会造成资源浪费,进而影响文化创意产业的健康发展。

四方互动交流机制应该由政府牵头,中共中央宣传部、教育部、文化和旅游部、人力资源与社会保障部等建立联席会议制度,政府、学校、企业、创

---

① 姜文学.创意产业与创意人才培养[J].天津师范大学学报(社会科学版),2008(5):77.

意者选定代表参与。

四方互动交流机制的建立,应立足于我国的文化创意产业未来的健康发展,规划一个好的文化创意人才培养策略,以便社会各方力量能够目标一致,形成凝聚力;在培养战略的指导下,制定、完善文化创意人才培养具体计划,该计划应该包括设定具体的时间、目标,明确考核标准还有责任分工等;配合培养计划的实施,调查统计当前文化创意产业人才的构成情况,依据文化创意产业发展的目标和定位,借助科学严谨的方法,探索文化创意人才评定的标准体系,规范文化创意人才评定标准,建立健全文化创意产业人力资源选拔、培养、引进、流动、管理、测评、激励、保障的相关机制和政策法规,让真正的文化创意人才获得物质回报和行业的尊重。

五、设计精神与物质相结合的激励机制

根据美国社会学家戴维斯 K. 和莫尔 W.(Davis K. & Moor W.)的功能论(Functionalism),"为了使人们愿意投入更多的财、物和时间接受特殊技能和技术的培训与教育,这些功能重要的职业就必须具有足以吸引人的特点和特殊利益。这些特殊利益包括工资待遇、晋升机会、社会地位以及舒适性、消遣性、自我尊重性、自我扩张性等"[①]。

为推动我国文化创意产业的健康发展,把优秀文化创意人才吸引进来,投身文化创意产业,有必要在"特殊利益"上向优秀的文化创意人才重点倾斜,让他们能够心情愉悦地一展才华,充分实现创意梦想。为了实现上述目标,这就需要做好精神与物质相结合的激励机制的设计。

何为激励机制?激励机制是激励主体设计出来的相对固定的激励手段,通过激励机制,激励主体与激励客体之间产生相互制约的关系。激励机

---

① 苏朝晖.职业的地位差别研究[J].甘肃社会科学,2003(2):83-85.

制分为两部分,一部分是精神激励,另一部分是物质激励。

精神激励,可以通过建立国家荣誉制度、行业荣誉制度、企业荣誉制度来完成。如创办多种形式的文化创意赛事,既可以是全国层面的,诸如"中国文化艺术政府奖"等,也可以是地方性的;开展"文化创意专家"工程,对高级创意人才给予特殊扶持,提供机会,培育带头人,特别是能做出原创性贡献的文化创意大师;将为我国文化创意产业发展做出重大贡献的文化创意人才,评为"五一劳动奖章获得者"或"劳动模范";由权威行业机构评选"文化创意年度人物";企业每年评定出"创意精英";等等。

当前,我国在文化创意行业荣誉制度方面进行了多方面探索,据不完全统计,光明日报社主办的"中国文化产业年度人物",自2012年开始,已举办了7届;中国文化管理协会主办的"中国文化管理年度人物",自2014年起,已举办了6届。此外,多个地方政府也对本地的文化创意精英进行评奖,虽然名称不尽相同,但内涵相似。还有高校主办的文化创意产业类论坛,如北京大学主办的中国文化产业新年论坛、对外经济贸易大学主办的国际文化管理年会、中央财经大学主办的文化经济学论坛等学术性活动,也会评选出文化创意产业的精英人才。

作为产业人才的一种,文化创意人才的工作有强调经济效益的一面,所以对文化创意人才的物质激励是必要的。参考文化创意产业发达国家对文化创意人才的物质奖励,有几种模式可供我们借鉴:对一个项目实行启动投入与成果奖励相结合;在报酬中,加大专利这一块的比重;为文化创意人才长期提供资金,用来持续培养他们的创意能力;等等。针对我国文化创意产业发展现状,由国家出资,实施培训计划,有的放矢培养文化创意人才的创意能力,还需要大力开拓。

第二节　加强创意者与政府、高校、企业间的互动

政府、高校、企业在创意者胜任力的培养中,发挥着不同的职能和影响。针对不同的胜任力特质,三方各有侧重和重叠。有研究者①借鉴德尔菲法(Delphi Method)曾对这种侧重和重叠关系进行了案例研究,提出政府、高校、企业三方在创意者胜任力的培养中具有两层重叠职能和三层重叠职能的合作机制。如表6-1、表6-2、表6-3所示。

表6-1　文化创意人才培养中"政府、企业、大学三层重叠职能"

三层重叠职能(政府+企业+大学)			
独特的性格特征	创新意识、高度的审美能力、持续不断的学习转化能力、批判性思维能力、团队协作能力与资源整合能力。	一定的文化产品鉴赏能力,以及对文化市场的敏锐度。	具备一定的社会阅历与社会实践能力、人际处理能力、良好的心理素质与职业道德。

表6-2　文化创意人才培养中"大学、产业两层重叠职能"

两层重叠职能(大学+企业)		
具备创意产业领域所需的经营管理意识,观念具有开放性和多样性,市场思维灵活,见解新颖。	具有一定的专业技术,具备制作与设计的一般知识,能掌握商品的特殊规律。	具备电脑多媒体、互联网科技等方面的知识。

---

① 江旺龙,于芳,方文龙.基于三螺旋改进模型的创意产业人才培养研究——以景德镇陶瓷文化创意产业为例[J].科技管理研究,2010(9):152.

表6-3 文化创意人才培养中"高校、政府两层重叠职能"

两层重叠职能(高校+政府)	
具备良好的艺术创意思想与创意技能	具备一定的法律常识,尤其是知识产权知识

借鉴上述研究逻辑,我们邀请了15位文化创意专家,对文化创意人才胜任力模型中的16个二级指标进行了分类,明确了政府、高校、企业在二级指标培养中的主导性。这为本书研究创意者与政府、高校、企业间的互动关系,提供了理论参考,如表6-4所示。

表6-4 文化创意人才胜任力模型二级指标与培养主体对应表

	一级指标	二级指标	主导性培养主体
文化创意人才胜任力模型	创意人格	自信	政府、高校
		质疑精神	政府、高校
		责任意识	政府、高校
		敬业精神	政府、高校
		包容性	政府、高校
		合作意识	政府、高校
		心理承受能力	政府、高校
	创意基础	文化素养	高校
		专业知识	高校
		专业技能	企业
		经验丰富性	企业
	创意能力	理念创新能力	政府、高校、企业
		学习转化能力	企业、高校
		资源整合能力	政府、高校、企业
		市场把控能力	企业
		问题解决能力	企业、高校

一、加强创意者与政府间的互动

根据文化创意人才胜任力模型二级指标与培养主体对应表,在创意者与政府的互动中,将重点培养创意者的自信、质疑精神、责任意识、敬业精神、包容性、合作意识、心理承受能力、理念创新能力、资源整合能力9个二级指标。

政府作为国家的行政管理机构,立足点是国家发展战略,据此从体制层面制定并调整现有制度,制定适宜的政策,联合地方政府还有相应机构一起,通过资源优化配置、人力资源配置以及加大财政投入等手段,促进高校、企业把人才培养落脚点安放在人才自身创意潜能上。

目前国家层面针对文化创意产业发展的目标和路线方针已经明确,并且制定了一系列的政策制度,但与这些政策制度相适应的配套政策措施,如财政、税收、金融、土地、人才等还不够完善。参见附录"我国文化产业政策汇总(2009—2017年1月)"。

政府作为高校和企业的规范者与引导者,如果施加的影响力恰当,将能有效激发高校和企业的影响力,实现核爆般的神奇效果。相反,如果政府施加的影响力不恰当,不仅会极大地消耗政府的能量,也会阻碍甚至扼杀高校和企业的能量。为了保障政府影响的有效实施,需要从以下四个方面入手,以充分发挥政府的能量。

(一)完善鼓励文化创意行为的制度体系

在文化创意人才培养方面,制度因素所产生的作用是基础性的,在未来的发展中,需要在知识产权制度、资格认证等方面加强制度建设,释放出明确的发展信号,增强对人才的吸引力,给予文化创意产业一定的市场空间,努力为文化创意人才发展提供支撑、依托及保障。

1. 加快知识产权方面的立法与执行

文化创意产业所涉及的行业内容,如电影、动漫游戏、电视、演艺等,均与创意息息相关。经营者只有开发并保护好自身创意,才可能从产业上游直接形成差异化优势;而创意是极其容易被剽窃、被复制的,保护不了创意人才的创意成果,就会伤害他们的创意热情。从这个角度来说,保护创意,保护知识产权,是保障文化创意产业蓬勃发展的基石,应建立完善的知识产权制度。

对于盗版等侵犯知识产权的行为,政府要坚决打击,这也是对文化创意市场的保护。纵容这些违法行为,会导致知识产权被损害,创意成果被盗取,创意人才和企业的努力受到严重损失。未来新媒介技术发展一日千里,知识产权的保护更需要与时俱进,否则市场秩序都会随之受到影响。

2015年,180多个国家和地区建立了知识产权相关制度。比如,日本根据文化产业发展形势,制定了"IT基本法"、《文化艺术振兴基本法》等法律法规;韩国作为文化创意产业发达国家,也特别制定了"创新企业培育特别法",对新兴文化产业如数字内容等给予保护。从国际视野看,知识产权制度已成为当今国际社会公认的激励、保护创新的基本法律制度。

我国现阶段,已制定、颁布了多部保障知识产权的法律法规,但是由于宣传力度不够,社会公民对知识产权的重视程度很低。例如,软件业及艺术行业盗版行为非常猖獗,这极大地影响了文化创意产业的利润空间,挫伤了文化创意人才的创意热情。另外,由于信息不对称及缺乏法律保护等,造成知识产权在展示、保护和交易方面成本高,很难吸引金融资本,不利于文化创意成果向文化创意产品的转化,使文化创意产品的市场价值受到了限制。应加快推动保障我国知识产权实现的制度,以形成对创意者的有效激励。

2. 实施文化创意产业职业资格认证制度

文化创意人才应该如何甄选、培养以及文化创意人才应该如何认证,这些问题属于文化创意人才管理体系思考的范畴。不同专业、不同行业对文化创意人才的胜任力提出不同要求,与之对应,需要设计更为科学合理的文化创意人才选拔系统,让真正具有创意潜能的人脱颖而出,让他们在未来做出更大的贡献。

为了提高文化创意产业从业人员的道德水平和素质,应实施文化创意产业职业资格认证制度。专业资格认证工作可交由中国文化产业协会①、中国文化管理协会等行业协会牵头组织,政府有关部门负责监管。专业资格认证可通过全国统考进行评判,文化创意产业从业人员资格认证的培训工作可以委托给高校、科研机构及合格的文化创意产业企业负责。要建立健全文化创意产业人才培训认证体系,尽快出台针对不同类型、不同层次文化创意产业人才职业培训的认证标准,保证企业人才引进的科学性与针对性。

(三)建立强调激励主导性的文化创意人才服务体系

构建文化创意的人才服务体系,不能忽视激励的作用。首先,应制定多种优惠政策,刺激从事文化创意的人数增长。如给予做出杰出贡献的创意团队特别奖励,通过建立文化创意人才的合作交流平台,推动他们与国内外专家合作,不断拓宽国际视野。在发达国家,文化创意类相关专业毕业生,可以得到各种财政补贴和资金支持。比如,毕业生能通过政府提供的资源,解决一些政策、资金等基础问题,从而有机会成立自己的个人工作室或公司。

其次,要为文化创意人才提供更完善的公共服务体系。这个体系不光包括"硬件",如对应的生活工作设施等,还包括"软件",尤其是各种文化产品、信息服务等。"软件""硬件"协同前进,从公共服务体系上消除文化创意人才的后顾之忧,才能进一步吸引人才,安心进行创意工作。

---

① 中国文化产业协会成立于 2013 年 6 月 29 日,是经国务院批准、民政部登记的全国性社会团体,是文化产业领域的国家级协会。

最后,应建立政府主导的文化创意产业人才互动网络平台。随着信息技术的飞速发展,以互联网、移动互联网为代表的一系列新型互动模式,不断激发文化创意产业的活力和潜力。应由政府主管机构牵头,率先建立文化创意产业人才互动网络平台,充分利用大数据挖掘技术,为文化创意产业的发展提供多领域帮助。

文化创意人才具有很强的流动性,因此,在人才管理方面也要做好配套服务工作。过去,当一个文化创意人才流动到其他城市时,解决职称问题、职业资格认证问题往往需要花费大量精力,这无形中损耗了文化创意人才的能量。未来,可以考虑建立专门的文化创意人才管理机构,负责制定人才政策,统筹人才的职称及后续培训等问题,以便让文化创意人才不受区域限制,保持鲜活的流动性。服务体系更完善,也相当于为创意人才的创造力、想象力发展提供更多的成长空间。

(四)搭建好针对文化创意人才的扶持体系

1. 机会平等的创新路径的设计

置身文化创意经济中,人人都可以是创意者。个人天赋、知识结构、经验阅历不同,即使在同样的需求下,也会产生不同的创意。而且这些创意都打着个人的烙印,各具千秋。因此,在文化创意人才培养中,应为所有的人创造平等的机会参与文化创意,为保证这种机会平等的权利,要做好创新路径设计,并保证路径的有效性和可操作性。

目前,在国家层面推动的"大众创新,万众创业"(双创工程)正是在探索为每个人创建机会平等的创新路径。

2. 提供政策扶持、资金支持和税收优惠

政策、资金和税收,是政府管理社会和经济的主要工具。为了支持文化创意人才和团队的发展,政府可以出台相应的扶持政策,为文化创意产业的发展保驾护航;通过专项资金的形式,给文化创意人才和团队实质的支持。

比如,政府可以专门设立一项奖励文化创意团队的基金,支持创意团队良性运转,不断推出具有市场转化力和社会效益的创意产品。再者,政府还可以通过税收的方式,给予文化创意团队或公司多重形式的税收优惠。

3. 积极培育文化创意产品和服务市场

针对国家供给侧改革的趋势,政府有必要带头倡导使用文化创意产品,担负起扩大文化创意产品消费需求的任务。这方面,新加坡政府的举措可供我们借鉴。每到节假日,新加坡政府就会用文化创意产品布置公共场所,这不仅加深了国民对文化创意的认知和理解,而且刺激了他们的消费意识和需求,同时,这种城市生活方式也激发了创意人才自身的潜能。

(五)优化文化创意人才的配置机制

按照经济学理论,人才作为生产要素,人才配置的优化是实行文化创意产业良性发展的要求。"人力资本是体现在人身上的技能和生产知识的存量"①,是一种物化于人才自身的长期消费资本,应让文化创意人才作为一种生产要素在市场上自由地流动,并由市场决定其价值。

政府应确立文化创意人才配置机制和实施制定完善的法律与保障制度,并在外部环境上提供保障,优化完善文化创意人才配置机制。

美国著名经济学家西奥多·W. 舒尔茨(Theodore W. Schultz)认为:"一种错置的资源就无异于配置的是一种低生产率的资源。"②优化文化创意人才配置,可以使文化创意人才在管理过程中达到效用最大化。文化创意人才配置机制主要为:(1)竞争机制。可以以公开招聘为方法,以竞争为优化手段,以获得符合岗位要求的文化创意人才为结果,来实现文化创意人才配

---

① 伊特韦尔,等.新帕尔格雷夫经济学大辞典(第2卷)[M].北京:经济科学出版社,1992:736.
② 西奥多·W舒尔茨.论人力资本投资[M].吴珠华,等,译.北京:北京经济学院出版社,1990:19.

置的优化。(2)激励机制。文化创意人才的激励机制分为物质激励与非物质激励。对于文化创意人才来说,非物质激励更有效果,非物质激励又分为目标激励、参与激励、情感激励、文化激励。(3)流动机制。让不适合工作岗位的文化创意人才不断流出,流入新的文化创意人才。"流动"主要体现为两种形式:一是显性流失,表现为文化创意人才主动辞职;二是隐性流失,表现为文化创意人才对本职工作产生倦怠,不能发挥主观能动性。

为了优化文化创意人才的配置,政府应创造良好的外部环境,促进人才市场的发育,通过调控、服务、扶助和规范等方式弥补人才市场的不足。首先,加大政府转移支付力度,提升欠发达地区的文化创意产业基础设施水平,提高文化创意人才在当地的产出效率和报酬水平,防止文化创意人才过度外流。其次,通过转变政府职能,捋顺政府与市场的关系,为文化创意人才的配置提供良好的社会环境。

二、加强创意者与高校间的互动

根据文化创意人才胜任力模型二级指标与培养主体对应表,在与创意者的互动中,高校将重点培养创意者的自信、质疑精神、责任意识、敬业精神、包容性、合作意识、心理承受能力、文化素养、专业知识、理念创新能力、学习转化能力、资源整合能力、问题解决能力等13个二级指标。

高校具有三大功能:首先是人才培养,其次是科学研究,最后是社会服务。其核心职能是知识传承和创新。在文化创意产业中,高校发挥着越来越重要的作用,扮演着社会发展引领者、文化培育者、科技研发者、人才生产者的多重角色。

在人才培养问题上,高校是大家公认的孵化器,培养文化创意人才,高校更是重要基地。高校担负着培养文化创意人才的使命,对于在一定程度上阻碍文化创意人才成长的因素,要有意识地跨越;对一些既有的弊端,要有意识地加以突破。

目前,高校是文化创意人才的初始供给源,所以优化高校与创意者的互动,可以有效保障文化创意人才供给的连续性和系统性。

高校凭借自身在知识和人才生产方面的优势,掌控了文化创意产业发展的动力之源。充分发挥好高校的影响力,需要形成"课程体系+教学内容+师资配备+教学方法+校园文化环境"协调一致、系统发力的体系。

(一)建立科学合理的课程体系

根据文化创意产业的特点,高校培养文化创意人才要注重跨学科性,处理好"专才"与"通识"之间的关系,对现有的课程结构进行优化。

在这方面,英国文化创意产业学科体系为我们提供了可资借鉴的经验。英国的文化创意产业学科,将艺术学、管理学、传播学、经济学、文学融合到一起,课程结构多元而立体,可以有效拓宽学生的创意视野,完善知识结构,提升人文素质。澳大利亚昆士兰科技大学创意产业学院的做法值得我们参考。它打破了传统学科体系壁垒,将彼此没联系的表演艺术专业、传媒专业和互动媒体学科联合起来,培养全面的文化创意人才。同时,赋予学生自主权,根据自己的职业规划需要自行设计课程。①

另外,文化创意产业学科课程在设置上,要体现出一定的实践性,比如专门针对创造力、想象力的训练,是学生们非常急需的;再比如对产业经营管理感兴趣的学生,非常需要实操性的培训,以增强自己的协调能力和应变能力,这方面,课程设置应该有所照顾。

再有,考察一个文化创意人才,会从他身上深厚的人文素养和人文情怀出发,而学校有不少针对学生人文素质培养的内容,但有时在文化创意产业

---

① 王曦.澳大利亚文化创意产业发展对我国的启示——以"昆士兰模式"为例[J].中央财经大学学报,2013(1):75.

课程中被忽略了，因此，应该对此加强重视。增加学生的人文底蕴，有助于他们未来长久地胜任文化创意工作。

(二)优化教学内容的模块设置

根据文化创意产业学科的特性，教学内容从模块角度可划分为三个部分：第一部分是一般能力模块部分。这一部分的指标可包含语言能力、表述能力等。第二部分是专业能力模块部分。这一部分的指标涉及文化产业项目策划、经营管理能力以及影视节目的创作能力等。第三部分是特色辅助能力模块部分。这一部分的指标涉及表演、礼仪以及演讲、辩论等。专业模块和辅助模块的课程，可以由学生自由选择，选择标准基于对自身个性、兴趣、爱好的了解以及未来的职业规划需要。模块的具体实践可以参考日本的"二二分段制"模式，即本科学生入学的前两年学习通用能力模块部分，第三年进入专业能力模块部分。我国高校文化创意产业人才培养，也可以从"二二分段制"模式中汲取可取之处，在打好人才通才底座的基础上，再进一步加强专业训练，以便人才能实现复合型发展，更好地适应文化创意产业的需求。

(三)完善师资配备与培训

截止到2019年，我国文化创意产业类师资情况与人才培养目标之间还存在着不匹配的情况。这表现在很多方面，比如说师资力量不充足，分散在不同的院系，且彼此之间缺乏沟通和交流；再比如一些教师自身也缺乏实践经验，在经营管理或创作策划等方面也是门外汉，难以满足学生的成长需求。

可以把文化创意企业中的高水平文化创意专家(有的具有国际影响力)吸引进来，丰富师资的结构，让他们嵌入高校，提前一步发挥人才培养功效。2013年以来，已有一些相关专业有意识地邀请企业中的高级技术人员、管理人员来校做兼职教授或客座教授。未来这个趋势还应该继续延伸,比如在职教师与企业兼职教师联合培养,整合双方优势资源,不断改进教育模式等。此外,也可以鼓励教师去一些有代表性的文化创意企业实习、考察、挂职,参与企业的项目,加强自身的实践素养,让教学既能登"象牙塔",也能接地气,毕竟文化创意产品从酝酿、策划到生产,都离不开对市场需求的了解。

这方面可以借鉴日本的做法,日本大学的专职教师人数占总教师人数的2/3,外聘教师人数占1/3,其中大部分外聘教师来自企业。[①]

(四)完善教学手段和方法

针对文化创意专业学生的个性特征,选择适合他们的教学手段和方法。文化创意产业是一个新兴学科,学生们为什么会选择这个专业?这和学生的个性特征也有一定关系,他们可能更具备创造力、想象力,思维方式更天马行空,更爱好艺术,甚至更向往特立独行的生活方式。与此相对应,过于传统的教学手段未必能满足他们的期望。他们中也许有很多人想成为"创意大师",实现他们的创意梦想。高校作为人才的孵化器,不能忽视这样的问题。案例教学、项目教学、企业家讲座等教学方法之所以受到文化创意类专业学生的喜爱,也与这样的成长需求相关。文化创意产业教学不仅要重视理论知识,更要关注创意思维的培养,在教学安排上,应精讲多议,给学生讨论的机会,头脑风暴的机会,动手操作、实际应用的机会,从而潜移默化地提高他们的创新能力、项目合作能力。

对文化创意专业的学生来说,如何唤醒他们创造性的动力呢?以色列学者Shulamith Kreithler和Hernan Casakin认为,人们从事创造性活动的动力大致可以分为三大类型:内在动力、外部压力和二者的综合。[②]在教学中,

---

① 王剑.举国体制推动日本科技创新[N].中国科学报,2012-12-10(5).

② Shulamith Kreitler, Hernan Casakin. Motivation for creativity in design students[J]. Creativity research journal,2009(27):77.

我们试图唤醒每一个学生的内在动力,但在受教育者诉求不同的情况下,我们可以先把他们按照内在动力、外在压力二者综合三个类型来划分,而具体操作中,根据这三个类型的特点因材施教。

比如说,对"内在动力"型,我们的教学关键在于提供更为科学合理的教学内容,运用更为灵活有效的教学方法,教给他们有关创新的知识和技能。而对于"外在压力"型,我们教学的关键在于向他们展示创意之美、创意之价值。当然在具体实践中,我们很难把学生类型做二等分,更有效的做法是把"乐趣"和"价值"融合在一起,调动学生的积极性,让他们学有所获。

文化创意人才的培养不能仅仅依靠理论教学,还需要在实践中成长,与此配套,高校应该重视建设实验室和实践基地。

实践基地可以采取与企业联办的形式,比如"工作室制""项目引导式"等,校企合作建设实践基地,发挥高校和企业双方优势,发挥"螺旋"合作育人的力量,不仅能锻炼学生的实践能力、创新能力,还能让高校的教学动起来,让企业的心态扎下来,这对文化创意产业整体格局的发展有很大帮助。目前,校企合作更多地还停留在官方的合作形式上,未来要多落实到学生身上,让学生受益。相信每一个选择文化创意产业的学生都是满怀期待接近这个行业的,高校应该尽可能帮助他们实现梦想,梦想成真对于文化创意人才来说,是最大的奖励。

除了建设实践基地,实验室建设也是题中应有之义,譬如建立动漫画设计室、游戏实验室等。平台越具有前沿性、前瞻性,学生的学习欲望和探索激情就会越高涨。结合实验室,高校可以联合其他机构拿出一部分资金,鼓励学生结合专业内容发明创造,通过工作室/实验室研究的项目或产品,由高校帮助申请专利、搭建平台或者科技孵化器。

(五)营造有利于的文化创意人才培养的校园文化环境

良好的校园文化对文化创意人才的培养至关重要。校园文化是一种隐性教育,提倡创新、鼓励创意、展现文化创意产业之美的校园文化,对培养学生创造力、激发学生主观能动性来说,有很大的调动作用,千万不能忽视。比如,原本钢筋水泥的校园,如果展现出文化、科技、艺术方面的文化创意产品,不仅能培养学生的文化需求,而且能刺激他们的创造冲动。再比如,学校可以长期举办文化创意方面的比赛,如微电影主题赛、创意秀等,这些活动能较好地培养学生的想象力、理解力,锻炼他们的质疑精神和自信意识。

高校不光培养学生的知识和技能,而且担负着价值观培养的重任。对文化创意人才来说,创意人格是真正的基石。

高校要培养学生的视野、气度、格局以及深厚的人文素养。首先要让学生认识自己,明确自己为什么要创新,为什么要为这个社会提供高质量的文化创意产品。如果仅仅把它理解成一种谋生手段,那是很难走长远的。从利润视角看,文化创意产业风险系数并不小,很多产品费尽周折,但市场销售业绩不尽如人意。而当前不少文化创意企业还处在初级发展阶段,员工的收入过度与绩效相连接,这就造成很多一线员工成为所谓的"文化民工",付出高倍的智力劳动,只拿着微薄的工资。这种现状暂时还不会立即改变,那么,如果一个文化创意人才的心理承受力弱,耐挫力也比较差,就可能会让自己的创意之路"中途夭折"。

高校只有在理想上、情怀上、道德上、意志品质上都为学生打好人格的地基,文化创意人才才能真正出炉亮相,否则,在发展中遇到风吹草动就容易摇摆。

鼓励学生坚守个性、懂得协调。这方面,高校、教师、学生之间要达成共识,有些学生担心自己的作业过于创新,会被降低分数,亟须老师的鼓励与认可。"排在第一位的不再是教授学科内容,而是在学生身上建立一种对知识的开放性认知,一种走向困难的、不熟悉的知识的好奇心,一种可以应对当前挑战或即将到来的挑战的探究模式。"①

　　重视学生质疑精神的养成。学生如果没有独立性,就容易盲从、随大流,更别谈创意培养了。首先,要培养敢于质疑的勇气。其次,要培养独立思考、敢于否定自我的主体意识,在思想观念上独立思考、解放思想、勇于进取。最后,要培养批判性思维。批判并不是简单粗暴地否定一切,而是辩证地否定,属于在克服与保留、批判与创造中寻求统一。掌握批判性思维方法,至少需要在三个方面努力:第一,要找准批判对象,做到有的放矢。第二,不能迷信权威和定论,要有敢于怀疑的精神,不人云亦云。第三,要打破思维定式的束缚。思维定式,是指人们总是喜欢用一种固定的思维方式去解决同一类问题,它具有很强的惰性,常常会束缚文化创意人才的创造精神。

(六)加强培养复合型创意人才

　　以上五点措施,都服务于一个共同的目的,即把文化创意人才培养成为复合型人才。这一部分将重点研究复合型人才的养成。根据文化创意人才胜任力模型的创意基础指标,在知识结构上文化创意人才应该是复合型人才。复合型人才指的是拥有两个或两个以上专业的基本知识和基本技能,综合素质较高,发展较全面的人才。单纯的知识复合还不够,真正优秀的复合型人才还应包括能力复合、思维复合等方面,这些复合不应该是多种知识和能力机械地简单相加,而应是知识和能力达到融会贯通的境界。

　　在复合型人才的培养中,知识复合是基础,知识复合的质量直接影响着能力复合与思维复合。知识复合所强调的知识结构必须是跨学科但又具有一定的相关度的。如可以建议影视专业的同学选择经济学或计算机进行学习。现在,高校推进复合型人才培养的形式主要有:双学(历)位制、第二学

---

① 安德烈·焦尔当.学习的本质[M].杭零,译.上海:华东师范大学出版社,2015:176.

位制、联通培养制、主辅修制、选修课制。

为了更好地把文化创意人才培养为复合型人才,高校可以采取的举措主要有以下几点。

1. 实行更为灵活的学分制

灵活的学分制有利于上述复合型人才培养形式的实施,让学生在充分考虑个性发展和社会需求之后自由选课。

2. 创新专业学科体系

可以采用学科复合、专业复合的方法,打破原有的学科界限和专业界限,根据文化创意人才胜任力模型构建复合型文化创意人才培养的专业课程结构。

3. 创新教学方法

应以学生为主体,采用启发式、讨论式、参与式、案例教学等教学方式,重视培养学生的创新素质,加强对学生实践能力的培养,提高学生分析和解决问题的能力。同时加大对学生能力的考核。

4. 创建高素质的师资队伍

以上举措的实施,需要优秀的复合型师资团队来实施,通过整合文化、艺术、经营管理、信息技术等方向的教师,让他们多交流、多沟通,达成培养复合型文化创意人才的共识,这样才能在文化创意人才培养中发挥合力。

三、加强创意者与企业间的互动

根据文化创意人才胜任力模型二级指标与培养主体对应表,在与创意者的互动中,企业将重点培养创意者的专业技能、经验丰富性、理念创新能力、学习转化能力、市场把控能力、问题解决能力这6个二级指标。

在文化创意企业的竞争中,谁拥有创新能力强的文化创意人才,谁就更有可能占据优势地位。

文化创意产业的行业组织与企业是政府与文化创意产业融合的有力推动者,也是产业创新的主体,同时,他们还扮演着人才需求者、文化消费需求满足者的角色。通过整合文化创意产业的行业组织和企业,可以实现资源的有效配置,培养出适合产业发展的高层次文化创意人才,促进"政产学研"的深度融合,实现文化创意产业可持续发展的最终目标。

文化创意企业要从根本上转变观念,注重新知识、新技术、新理念,着眼于企业的长远发展,树立员工培训意识。不仅要按照国家人才发展战略,合理配置文化创意人才资源,做到"人尽其才",避免浪费人才资源;同时,要结合企业的实际情况和文化创意人才的特性,制定文化创意人才发展战略和规划,使每个员工都有一个清晰合理的成长路径,注重培训的有效性和发展性。我们建议从以下几个方面加强创意者与企业间的互动。

(一)创建学习型企业文化

在信息爆炸的今天,人们可以随时通过媒介查找到自己需要的知识,这是一种进步,但也需看到,这样获得的知识,有时就像快餐一样,营养有限。知识是思维的燃料,没有充足的、有价值的知识,再好的思维方式也难以发挥功效,有形而无实。文化创意人才只有通过不间断的知识学习,才能让思维能力得到更好的锻炼。

文化创意企业应致力于创建学习型企业文化,让员工爱上学习。企业可以通过多种形式对员工进行培养,不断提高经营者和各类专业人才的能力,如通过读书会、定期培训、专题讲座等形式加强专业知识培训;采取专业培训、出国培训以及与高校联办、委托定向培养等多种形式,开展有计划、有针对性的人才培养课程,培养适应企业发展需要的人才。

在企业培训和日常工作中,要重点对员工的跨界思维进行培养和锻炼,结合企业实际和员工特点,采取灵活有效的方法。推荐采用的方法主要有:

(1)加强不同职位间的轮岗。一个文化创意产品的生产过程是一个或长或短的"产品链",每个职位都是这个"产品链"上的一个点。在日常管理中,要有计划、有目的地进行轮岗,让同一个员工尽可能多地熟悉"产品链"上的"点"。通常,"产品链"上的"点"的差异性越大,对员工的跨界思维训练效果越好,越有利于激发员工的创造性。轮岗要着眼于实效,不能为了轮岗而轮岗。根据岗位的具体内容,确定轮岗的周期和时限,并设定科学合理的轮岗考核制度,让员工通过轮岗快速提升业务能力,促进跨界思维的养成。

(2)由不同文化创意专业的人员组建项目小组。循规蹈矩是文化创意产业的大忌,企业要求员工时刻保持创新意识的同时,也必须不断进行运营机制创新,保持团队的适度弹性。可以随着客户需求、市场变化进行最优组合,成立专门的文化创意项目小组。项目小组提倡多元性,切忌同一性。每一个小组成员都应该具有不同的专业背景,拥有不同的工作经验。项目小组要充分发挥每一个小组成员的积极性和主动性,通过切实而有效的管理制度,让所有小组成员都能获得自我实现,这不仅可以实现项目决策的最优化,还可以培养员工的跨界思维。

创新型企业文化的塑造和推广,对于文化创意企业来说是如此重要,以至于无论是否被明确提出,大多数成功的文化创意企业都在或多或少地进行这方面的实践。如腾讯公司通过成立"腾讯创新中心"、组织"创新大赛",迪士尼通过创办迪士尼大学等来构建学习型企业文化。

(二)构筑诱发创意的企业人文环境

企业文化氛围的营造对文化创意人才的培养具有重要意义。对创意型员工来说,企业就像是一个孕育"金点子"的"子宫",这个"子宫"越包容,其空间越多样,员工的创意潜能越有可能被最大限度地激发出来。很多时候,创意人才之所以会流失,往往与企业文化关系密切。试想,一个企业如果从制度到管理,都缺乏前沿性的、多样性的、包容性的文化,又怎么能做到鼓励员工勇敢创新、不怕失败呢?企业在管理上过于封闭、单一、落后,最容易扼杀员工的创意潜能,更别说留住在创意方面有杰出表现的员工了。

　　激发出文化创意人才的创意潜能,让创意能力得到充分发挥,既需要生态化、人性化的办公环境,也需要平等、自由、团结、合作的工作氛围。据相关报道,硅谷的一些软件技术公司,让设计师穿任何他们想穿的衣服,甚至带着心爱的宠物去上班,目的是吸引和留住优秀的创意人才。而在国内的文化创意企业中,目前仍有不少企业对文化创意人才的特性缺乏理解,把员工束缚在狭窄、封闭、缺乏自然生态的环境中,这极大地阻碍了文化创意人才创意能力的发挥。因此,管理者的一项重要职能就是要营造出宽松和谐的办公环境。

　　另外,需要营造团结统一的工作氛围。因为,创意的产生以及创意的产品化,都需要充分调动团队内部的力量。团队成员相互激发,形成合力,这是创意成功的关键。管理者在做好文化创意指导的同时,需要加强对人才心理的引导,调动起人才的积极性、主动性,和谐地创造出更有价值的创意成果。

(三)创建以创意者为本的赋能型企业管理模式

1. 坚持创新型的微观管理理念

　　人才资本是企业核心竞争力,对文化创意企业来说,担负生产责任的员工更是企业的生命力所在。不少企业之所以失去竞争力,人才流失严重,往往是因为对文化创意人才管理不当。教学要因材施教,管理也要因材施管。首先,企业要了解文化创意人才的个性特征,发自内心地理解他们的工作特点。有些企业的管理者还是运用人力资源方面的老一套,把"打卡"作为员工守则第一条,束缚了文化创意人员的生产力。其次,有些企业理念上鼓励员工创新,但遇到创新风险时,缺乏对员工的宽容度,让员工不敢施展拳脚。文化创意企业跟一般企业不同,它要引领时代话题和潮流,管理者不光要懂人力资源,最好还要懂文化创意,这样才能真正做好微观上的创新管理。文化创意人才,大多拥有比较独特的人格特征,甚至有和创造活动无关的"怪毛病",应该为他们提供一个更加弹性的生产环境,以便他们畅快淋漓地发挥自己的创造天性。社会的宽容和自由度越高,会让"怪毛病"型创意人才的创造性发挥得越出彩。文化创意人才普遍不喜欢烦琐的规章制度,他们向往自由的工作环境,看似微小的不便,也可能造成文化创意人才的流失。

2. 采取弹性考核和长远评价

文化创意人才流动性比较大,近几年更存在频繁跳槽现象,这虽然是正常现象,是人才和企业的双向选择,但从企业视角看,面临的是优秀人才流失的问题。如何留住优秀的文化创意人才呢?一些调查数据显示,文化创意人才之所以会跳槽,除了期待更高薪酬,还有一个原因是自身价值没能得到充分体现。

1999年,《哈佛商业评论》(*Harvard Business Review*)就曾刊登过一份研究报告,指出"许多有才华的专业人士跳槽,正是由于企业高管不理解'工作满足感'这一心理状态,误以为在工作中表现出类拔萃的人必定会从中得到快乐。这听起来似乎符合逻辑,但实际上,拥有出色技能的员工未必对工作感到满意"[①]。如果企业对员工的激励形式和手段长期停留在"大锅饭"阶段,不能和员工自身特点有效结合,以至于让员工感觉到创意潜能受到了遏制,内在的精神需求和现实之间就会矛盾重重,员工会选择主动离开。这方面可以借鉴国外对创意人才的激励办法。考察国外企业,尤其是"五百强"企业,他们为更好地激励、留住创意人才,普遍采取让人才智力入股、管理入股等方式。以微软为例,它是第一个将股票期权作为员工激励机制的企业,把员工收入和企业的股权投资结合起来,让员工看到,自身的努力与收益和企业效益交融在一起,自身已经是企业大树上的一片叶子,跟企业生命息息

---

① 廖颖川,吕庆华.基于能力素质模型的企业创意人才开发[J].科技管理研究,2013,33
　(12):140.

相关,而不是挂在大树上的圣诞节彩球,只是装饰而已。很显然,这种做法取得了实际功效,不少微软员工借此成为精神上和物质上的双重富翁。

文化创意人才普遍不喜欢循规蹈矩,按照思维定式走老路,多喜欢另辟蹊径。因此,传统的企业管理方法难以适应文化创意人才的需要。管理部门在对文化创意人才的培养和管理上,要重视文化创意的特殊性,思想上不要急功近利,方式上要灵活,不要固化,要有长远的战略眼光,采取弹性考核和长远评价,对文化创意人才的价值和贡献给予准确的判断。

3. 实施过程与结果相结合的管理方式

文化创意人才在心理需求、个性特征和行为模式上都有鲜明特色。在评价一个创意岗位的员工时,可以采取更多元的考核方法,除了单纯与业绩挂钩,还应该和过程挂钩。毕竟,一个文化创意产品没有取得预期利润,不只是文化创意人才一个人的问题。这种评价方法更适合用于项目小组。在实施项目前,文化创意人才组织牵头的项目小组要与管理者进行充分沟通,商定明确的评价标准和要求,制订出合理的工作进度表。在项目的实施过程中,企业根据任务要求进行授权,让员工自己选择最好的工作方法,不做过于细致的指导和监督,减少过程控制,调动好员工的主观能动性,有效地保证产品质量。企业要为文化创意人才提供充足的物力和人力支持,保证创新活动的顺利进行。在对项目进行奖惩时,企业可以把奖金的执行权下放,由小组内部讨论决定每个小组成员在项目中发挥的价值。

4. 赋能于创意者

在文化创意产业中,对于创意者而言,最主要的发展动力来自创意带来的成就感和社会价值。他们最需要的不是激励,而是赋能(Empowerment),也就是提供他们能更高效地进行创新的环境和工具。①

---

① 曾鸣.赋能:创意时代的组织原则.[EB/OL].(2015-10-02)[2016-11-25].http://www.chinavalue.net/Biz/Article/2015-10-2/204348.html.

在赋能型的企业中,文化创意人才可获得来自上级、同级及下级的支持,通过提供包括权力、信息、技术、知识、工具和鼓励等资源,给人才权力去完成创意工作。

赋能对于人才的潜能激发具有显著效果。鲍恩和劳拉等认为赋能是通过权力赋予来改善人才的工作信念,增强人才自我效能感的内在过程。[1]企业领导者和管理者应尽量把工作任务与文化创意人才的工作兴趣结合起来,确保文化创意人才对他们工作职责的范围有清楚的理解,实现组织目标与个人目标的最大限度的重叠,让文化创意人才能够在工作中寻找到意义,从而增加自身的赋能感。

要做好企业中的赋能,增强文化创意人才的赋能感,企业管理者应重点关注几个方面:(1)应增强文化创意人才的工作自主性,做好人才在工作中的自我引导,在工作中赋予他们更多的决策权。当文化创意人才能够自主地根据具体情形采取行动时,他们往往会体验到更多的赋能感。(2)在领导方面,领导者应尊重文化创意人才的不同看法和观点,给人才自由表达和交流想法的空间,鼓励人才参与决策。(3)在资源供应方面,应让文化创意人才意识到本企业拥有的充裕资源,可以满足解决问题所需要的资金、信息、知识、培训、时间及其他必备资源。

当然给文化创意人才赋能,并不是无限制、无规则的授权,而是需要明确合理有效的规则和限制,同时保证人才有顺畅的路径能够获得必要的资源和政策支持,使人才知道并能在指定的范围内创新。在文化创意企业中,赋能比激励更有效,更有利于创新,因为激励更偏重事后和个人,而赋能更加注重事前,更关注企业文化和团队协作。

例如,在谷歌,对员工的赋能体现在20%原则上,即员工可以把20%的

---

① Bowen D, Lawler E. The empowerment of service workers: what, why, how, and when[J]. Sloan management review,1992(33):31-39.

工作时间花在做自己的"私活"上。企业不干涉,但给予高度关注,并从中寻找出有发展前途的项目,公司再投入资源进行孵化。

(四)通过"产学研结合",保持企业的创新动力

实践证明,"产学研结合"的培养方式适合文化创意人才的特性。企业可以根据业务发展需要,与高校科研机构合作,联合创立文化创意人才培训基地或文化创意研发机构,发挥企业优势,勇于突破,大胆创新,在实践中做好对文化创意人才的孵化。

这种结合,成功的关键在于发挥好企业、高校与创意者的联合优势,形成聚集效应,产生多赢的效果。如近年来,迪士尼通过与美国各大高校的合作,在迪士尼各主题乐园开展了国际大学生实习计划(International College Program)。这些大学生不仅可以在迪士尼乐园中实习,还可以参加迪士尼大学专为他们开设的创造力与创新课程(Creativity & Innovation)等课程,待实习培训结束后,学生还会获得由迪士尼大学颁发的毕业认证证书。通过实施国际大学生实习计划,不仅仅给迪士尼乐园带来更加优质、高效的服务,也为大学生提供了难得的学习机会。

再以文化创意产业园区为例。园区可以为人才的培养搭建联合平台,通过在政府、企业、高校、科研机构之间健康流动,人才可以得到更符合实践需求的胜任力。比如北京的798、宋庄画家村。

(五)重视对创意绩效的考核

从树的成长角度来说,并不是枝叶长得越多、越茂盛越好。很多无用的枝叶只会浪费宝贵的营养,甚至造成阳光、水分等必要生长要素的短缺,而有损于树的整体成长。这种情况下,就必须要对树进行剪枝了,系统化处理掉不适合的枝叶,从而让树实现最优化生长。

创意者之树的生长与此类似。文化创意人才的培养也要有绩效导向,

要根据具体的情况,对文化创意人才进行创意绩效考核,这不仅是应该的,而且是必要的。因为如果文化创意人才过度重视个性化的发展,忽视乃至违背文化创意人才胜任力的各项指标,就有可能对人才的发展造成负面影响,浪费时间和精力,从而影响对文化创意人才胜任力的核心指标的培养。

第七章 "树形培养模式"在企业层面的应用与思考

"树形培养模式"理论的提出,目前只是一个推演结果。本书采用多案例研究方法,通过对比分析,从中发现问题,总结和提炼规律性原则,探讨"树形培养模式"在不同企业人才培养中的应用情况。

(1)案例选取:案例的选择是研究过程中的重要环节,通常采取理论抽样方法,即所选择的案例是出于理论需要,而非统计抽样原则。鉴于此,根据研究主题和研究目标,本书确定将腾讯公司、迪士尼公司和3M公司作为研究对象,原因如下:第一,样本企业规模较大,并具有成熟的人力资源管理体系;第二,企业在人力资源管理实践中采用过或正在采用"树形培养模式"理论的部分假说;第三,选取3M公司是为了探讨文化创意企业和非文化创意企业在创意人才培养中的异同。

(2)资料的来源:主要从案例公司网站、年报和相关信息披露、媒体报道等多个公开渠道进行企业信息的全方位搜集,同时对部分企业(如腾讯公司)的员工进行了访谈。

第一节 腾讯公司:"互联网+文创"的典型

一、腾讯公司简介

腾讯公司成立于1998年,是中国最大的互联网综合服务提供商之一,也是文化与科技融合的企业代表。发展至今,腾讯已经推出了QQ系列、腾讯游戏、腾讯网、腾讯视频、微信等明星业务。2016年上半年,腾讯实现营收676.86亿元,与2015年同期相比增长了48%,对于如此大体量的公司而言,这种增速十分耀眼。同时在人才培养方面,腾讯公司在人才培养体制、管理理念以及雇主雇员关系方面表现优异,并凭此在2013年荣获前程无忧、智联招聘、优信咨询3家国内外知名人力资源专业机构评选的"最佳雇主"称号。

那么,从文化创意人才培养的角度来说,腾讯公司具有的特色是什么呢?

二、腾讯公司在文化创意人才培养中的特色

(一)领导人的高度重视与亲力亲为

"对腾讯来说,业务和资金都不是最重要的,业务可以拓展,可以更换,资金可以吸收,可以调整,而人才却是最不可轻易替代的,是腾讯最宝贵的财富。"[1]这是腾讯公司创始人马化腾的一段话。这也是腾讯公司人才管理模式创建的基石。

除了众所周知的腾讯总裁身份,马化腾同时还是腾讯人力资源管理执

---

[1] 张铭.腾讯:创新是一种思维方式[J].中国报道,2006(10):95.

行委员会负责人。

在日常的工作交流场景中,从来都是对事不对人,谁有理谁就有发言权,没有任何人会拿权势来压制别人。[①]

员工可以自由报名参加每两周一次的"总办午餐交流日",通过抽签的方式,每次选出 12 人和总办成员代表一起吃饭,在腾讯的办公楼里,每层都设有一个"总办信箱",普通员工可以通过这个信箱,对公司中存在的不良行为进行检举和投诉。

(二)以人为本的企业管理模式的创建

腾讯高度重视对人才的培养,将公司价值回报的顺序定为:客户、员工、股东。之所以将员工放在股东的前面,是因为腾讯认为员工是公司的第二财富。腾讯通过帮助员工提升工作绩效和个人能力,推动员工与公司共同成长。比如,腾讯会根据新员工的不同特点,安排一位资深员工来担任导师;对于高级人才,腾讯以服务用户的标准去不断匹配他们的需求,进而优化他们的用户体验;从周一到周六,每天都为员工安排篮球、网球、足球等丰富的文体活动;在每年的年会和旅游活动中,腾讯都会邀请员工家属参加;等等。虽然都是一些小事,但细节中流淌的都是公司对人才的爱意,充分体现了以人为本的企业信念。

(三)诱发创意的人文环境的构建

在腾讯企业文化中,鼓励员工自由创新,并为创新创造优越条件,为新技术的孕育、成长提供了舒适的环境。除了重奖在各方面有所创新的员工外,腾讯会定期在公司内部开展"创新大赛",集中奖励获胜的个人和所在团队。如会通过发给全员的邮件,征集好的创意。QQ.COM 的口号"新生活,我

---

① 严睿.奚丹:第一财富带动腾讯发展[J].管理,2006(1):18.

主张",就是这样征集来的;"QQ直播",就来源于一名腾讯员工的业余创新。

在腾讯,等级非常模糊,公司内部都是以昵称来称呼对方,从总裁马化腾到基层的员工都是一样的,比如,见到马化腾直接叫他Pony。在公司内部营造良好的沟通氛围,只要员工有好的点子,都可以和上司进行沟通,在这样一种环境下,很多创新的东西就能够迸发出来。

腾讯刻意营造自由、创新性的办公环境,如卡通型设计,配上游戏道具,让大家不会感觉太拘束,自然使得灵感源源不断。

(四)管理与专业双通道发展机制

腾讯为不同能力和兴趣的员工度身定制了管理与专业双通道发展机制,两个发展通道可以获得相同的认可与回报。员工可以根据自己的特长和兴趣自由选择,既可选择管理发展通道,也可选择技术、产品等专业发展通道。[①]

同时,腾讯针对不同专业类别的员工的职业发展设计了配套的能力要素,根据能力要素标准,提供一系列的职业培训,帮助员工尽快达到能力要求,实现发展目标。[②]

(五)绩效导向的创新管理

在腾讯,实行绩效导向的创新管理。给予创新者的奖励既有丰厚的物质奖励和公司荣誉,还与职级、股份等挂钩。如微信团队就获得了公司最高奖励"重大业务突破奖",整个团队获得了非常可观的物质奖励,还受到了全公司的尊重与认可。这种创新管理制度,不仅鼓励了全员创新,而且培育了良好的用户导向。

---

① 袁茵,张伟城."腾讯":年轻人乐园[J].中国企业家,2010(24):108.
② 刘举.腾焰飞芒讯电流光——中国互联网界的传奇[J].中国电信业,2013(11):53.

（六）"产学研"机制的建立

腾讯在抓好公司内部创新的同时，也很重视与科研院所的合作，实行"产学研"合作。如"互联网媒体腾讯课堂"项目，腾讯通过整合公司内部各业务领域的资深专家，将腾讯网络媒体的优秀实战经验带入高校课堂，每周授课一次，为期一学期。此外与高校共建实习生实践基地，由学校定期输送优秀学生到腾讯实习，共同开展教学实践及课题研究，以帮助学生提升实操能力，让他们在就业时更好地与企业用人需求对接。[①]

"联合实验室"项目。到目前为止，腾讯研究院已与清华大学、哈尔滨工业大学、华中科技大学、中科院计算所、四川大学等机构建立了联合实验室或联合研究所。

"创新俱乐部"项目。腾讯研究院与北京大学、清华大学等全国14所高校设立了创新俱乐部，通过"腾讯校园之星"互联网开发大赛、优才培养计划、学生创新夏令营、高校开发者社区、高校体验之旅等，提升学生的技术能力和综合素质。

（七）创新型企业文化与实施机制的创建

创新精神是腾讯企业文化的核心内涵。腾讯在公司内部营造了宽松的创新氛围，员工有好的想法都可以提出来，公司觉得可行就给予支持。目前公司推出的大量产品都来自普通研发人员的创意。

腾讯内部的创新机制包括腾讯研究院、创新中心、产品业务部门三种类型，每种类型负责不同的创新内容。腾讯研究院主要着眼于研发未来2—5年内的互联网实用基础技术，为下一代互联网技术创新做准备。创新中心

---

① 章淑贞,关伟娜.腾讯网的用人之道——专访腾讯网新闻中心策划组主编魏传举[J].
　新闻与写作,2015(3):12.

是腾讯的"创新孵化器",项目在进入创新中心后会由一个创意演变成一个可行的产品,直到成熟可供商用后,这个项目就会整体转移到其他一线的业务平台。

腾讯高度重视外部的知识创新。如2006年启动的以"创新创造价值"为主题的创新大赛,吸引了很多大学生和社会精英参赛,掀起了全民的创新热潮,也推动了腾讯的知识创新进程。

(八)行之有效的独家创新秘籍

腾讯的独家创新秘籍是线下"赶集场"。在"赶集场"时,每个学员针对每期的主题,将遇到的相关难题张贴出来,其他同伴通过回帖的方式提供解决办法和思路。同时,还配合小组会诊、最佳实践、案例研讨、标杆分享等方式,实现"几十个老师教一个学员"的效果。

(九)以提升员工的幸福感为目的

腾讯以提升员工的幸福感为目的,为员工提供更加多元、个性化的服务,并随时关注员工的需求变化和成长变化。如腾讯专门成立了"员工救助基金",当员工及其直系亲属遭遇重大困难时公司会给予救助。又如"员工家属关怀计划""家属开放日"等,公司会定期邀请员工家属来公司参观,并同总办领导会面、交流并给予慰问。

同时,腾讯也重视对离职员工的关系维护。如腾讯有一个群叫南极圈,加的是离职员工。这样,离职员工就与公司联系了起来,他们可以获得公司给予的相应的支持与帮助。

第二节 迪士尼公司:头部内容驱动型的楷模

一、迪士尼公司简介

迪士尼公司是全球著名的文化创意公司,总部设在美国伯班克,创立于1922年,在美国、加拿大、拉丁美洲、欧洲、亚太地区等很多国家和地区都设有分支机构。世界上第一部全部对白动画《蒸汽船威利》、第一部宽银幕动画片《小姐与流氓》、第一部使用动画摄影机拍摄的动画片《幻想曲》、美国第一部动画长片《白雪公主》,都是迪士尼的作品,这些充分证明了迪士尼打造头部内容的实力。(头部内容可以理解为爆款优质内容,有较好的口碑和影响力。马东认为,内容领域就像一座金字塔,头部内容只占5%,前20%的叫优质内容,而剩下的就是普通内容,只有少数头部内容能拿到最高的价值。)

二、迪士尼公司在文化创意人才培养中的特色

(一)创始人对创新的高度重视与对梦想的坚定信念

迪士尼公司的创始人华特·迪士尼(Walt Disney),为了追求自己的梦想,无论是做漫画家,还是制作动画电影,建造迪士尼主题乐园,一生都没有停止过创新的步伐,最终成就了辉煌的迪士尼童话王国。华特·迪士尼曾说过:"我梦想,我用我的信念检验我的梦想。我敢于冒险,它使我的梦想成真。""当你相信一件事的时候,你最好是毫无保留地、毫无疑问地相信它。"[①]在追求梦想的过程中,华特·迪士尼是一个完美主义者,高度关注细节,对质

---

① 樊五勇.迪斯尼传奇[M].北京:中国社会出版社,2004:351.

量的追求几乎达到了狂热的地步,对任何事情都要求做到精益求精。

(二)以人为本的企业管理模式的创建

迪士尼在公司内部实施人性化的管理与服务,为员工创造了一个支持性的工作环境,通过人性化的工作制度、丰富的闲暇生活、优越的福利设施和奖励机制等,调动员工的积极性与热情。迪士尼重视培养团队精神,通过员工间的交流与合作,让员工体验到合作精神的真谛。

(三)注重企业文化的传承

迪士尼特别注重企业文化的传承,不单是每一个加入迪士尼的新员工,公司上下层级都要接受由迪士尼大学开设的企业文化训练课,通过培训让员工认识迪士尼传统、成就、经营宗旨与方法、管理理念与风格,从而把"提供最好的娱乐为所有人创造幸福"的理念融入员工的思想和行为中,培养员工在迪士尼工作的兴奋感和自豪感。[①]通过这些培训,员工以更加积极的状态投入工作,与迪士尼一起发展。

(四)行之有效的独家创新秘籍

迪士尼的独家创新秘籍叫作"铜锣秀"(Gong Show)。"铜锣秀"又叫作"迪士尼创意组开马拉松会",目的是鼓励所有与会者贡献出他们认为最不可能实现的创意。[②]具体环节是这样的,"安排一个场合请公司要人,包括总裁、董事长和其他高层人士,坐成一排,然后让每个想要介绍自己构想的人,利用自己设计好的海报或草图,在5分钟内介绍自己的故事概要。场内有一

① 张映,何赛男,唐淑芬.迪士尼进驻上海对旅游人才培养模式的影响分析[J].经济师,2010(9):208.

② 迈克尔·艾斯纳,托尼·施瓦茨.高感性事业——迪斯尼主席兼首席执行官迈克尔·艾斯纳自传[M].刘俊英,刘怀宁,汪存华,译.北京:中信出版社,2004:135.

个大锣,时间一到,'哐'的一声后就换下一位"①。

"铜锣秀"大大激发了创意人才的奇思妙想。根据这些奇思妙想,迪士尼在构成自己独特风格的同时,不断创新,引领着全球动画产业的发展。

(五)以提升员工的幸福感为目的

从创始人华特·迪士尼开始,迪士尼都在努力提升员工的幸福感。华特·迪士尼一直把迪士尼建成一个温馨如童话王国一样的大家庭作为自己的梦想,为了实现这个梦想,华特把所有的员工都当作家人一样对待。例如,华特会毫无保留地把自己的经验传授给公司的动画师,帮助他们迅速成长;华特不给员工规定每日任务额,也不要求他们准时上班打计时卡,但他经常在半夜里独自一人检查员工的工作数量和质量。他鼓励员工们自己发现问题,主动改正②;华特几乎不会开除员工,即使对非常不满意的人,也只是会把他调到不重要的岗位,从不使用任何强制手段。

华特创建童话王国的梦想和对员工极其尊重的管理方式一直在迪士尼公司延续,这让员工的幸福感获得了提升。例如,在迪士尼乐园入口处,员工可以掌握价值数万美元的门票或现金,自主决定分发给那些丢了票、忘带票以及钱花光无法回家的人。③

(六)"产学研"机制的建立

迪士尼重视"产学研"合作机制。近年来,迪士尼与美国及国外的各大高校开展合作,推出了国际大学生实习计划,以迪士尼各主题乐园为实习地点。在奥兰多迪士尼乐园中,随处可见来自各个国家的大学生。迪士尼大学专门针对参加实习的大学生开发了创造力与创新等系列课程。参加实习

---

① 谭玲,殷俊.动漫产业[M].成都:四川大学出版社,2006:134.
② 佚名.迪斯尼的追求[J].科学大观园,2002(3):53.
③ 樊五勇.迪斯尼传奇[M].北京:中国社会出版社,2004:292.

的大学生,可以自主选择喜欢的课程进行学习,迪士尼大学会为参加学习的
实习大学生颁发毕业认证证书。

第三节　3M公司:技术创新的典范

一、3M公司简介

根据《财富》对美国企业的调查,多年来,3M公司在"创新能力""组织学
习能力""积极主动的研究开发计划""最有能力适应未来竞争"等方面均名
列第一。

3M公司创建于1902年,是享誉世界的技术创新典范,在百年发展历程
中创造过无数个世界第一,譬如高速公路上的反光高速牌、录音带、录像带,
以及汽车、手机、电脑的各种部件。业务涉及工业、交通运输、电子通信、安
防、商业、医疗及个人护理、电子、文教等各个领域,几乎全球50%以上的消
费者都将直接或间接使用到3M的产品。目前,3M已经形成46个核心技术
平台,平均两天就会有3个新产品推出来,35%的销售额来自过去4年里新
开发的产品。

那么,在培养人才的创意能力方面,3M公司有哪些特色呢?

二、3M公司在创新人才培养中的特色

(一)企业领导者对创新的高度关注

3M公司的精神领袖、前任首席执行官威廉·麦克奈特(William L.
McKnight)高度重视创新,他希望3M成为一家能够从内部持续自我突破,由
员工发挥个人主动精神进行创新的公司。他常常对员工们说:我们容忍员

工犯错误,只要他的动机是好的,从长远来看,和一些管理层犯的利用职权专制地告诉下属怎么做这样的错误相比,员工所犯的错误可能是微不足道的。他也常常告诉经理们:要鼓励实验性的涂鸦,如果你在四周竖起围墙,那你得到的只能是羊;为了发现王子,你必须与无数个青蛙接吻;切勿随便扼杀任何新的构想;如果他们是优秀的员工,我们就应该赋予他们权威和责任,让他们用自己的方式去完成任务。[①]

(二)对人的尊严与价值的尊重

3M公司秉持"对人的尊严与价值的尊重"的文化理念,有点像父母对儿女一样对待员工,不遗余力地对员工进行培训。所有员工基本上都能享有年功序列晋升和终身雇佣的待遇,因此3M的员工很少有人在退休之前离职。

(三)丰富而有效的激励制度

为了奖励那些对公司发展做出贡献的员工,3M创立了丰富而有效的激励制度,多达十二种,如表7-1所示。

表7-1　3M公司的十二种激励制度[②]

序号	制度名称	制度内容
1	进步奖	发给在3M公司内部推出新事业并成功的优秀员工。
2	创世纪奖金	主要投资(分配)给内部员工进行创业,包括开发新产品、市场营销试验等。
3	研发共享奖	颁发给成功开发出新产品,并且愿意其他事业部门共享技术与成果的员工。

① 尚天鸣.3M的创新智慧[J].国企,2013(2):108.
② 余恺.3M公司的技术创新管理体系研究[D].南京:南京大学,2013:21.

续表

序号	制度名称	制度内容
4	卡尔顿学会	相当于3M公司的"诺贝尔奖",是3M公司的最高荣誉;一旦员工被选为该学会的会员,就代表公司承认这些员工对公司做出了杰出的贡献。
5	"自营事业"机会	3M员工如果成功推出一种新产品,可以得到自己创业的机会,把这种产品视为自己的计划、部门或事业部来经营。
6	"双梯并行"生涯道路	3M容许研发人员不必牺牲自己的专业兴趣,可以在公司内部得到技术升迁的机会,并非纯管理类职位。
7	分红制度	1916年起适用于公司重要人员,1937年起几乎适用于所有员工。
8	内部技术论坛	3M员工可以通过该论坛共享技术成果,彼此交换新的构想和发现。
9	25%规定	公司规定每个部门从5年前推出的产品与服务中产生的营业收入,应占年度经营收入的25%(从1993年起,比例提高到30%,期间缩短为前4年)。
10	新产品论坛	所有事业部门可以通过该论坛分享最新的研发成果以及新产品市场推广策略。
11	高冲击方案	每个事业部选择1—3个优先产品,在规定的短时间内推出上市。
12	小型、自主性单位	设立产品事业部。

(四)技术与管理并行的晋升制度

在3M公司,实现双重晋升制度,员工本人可以自行选择担任管理或专门研究职务。专门研究人员和公司管理者一样,都能获得与业务部业绩相关的年终奖金。这种制度的确立,一方面可避免研究开发人员成为矫枉过正的专家;同时,也可维持"与利润休戚相关,与市场需求密切配合"的研究开发体制。例如报事贴的发明者富莱就选择担任专门研究人员,从而能够对自己有兴趣的课题开展自由研究。

(五)容忍失败,鼓励创新

在3M公司,"容忍失败,鼓励创新"是公司从上至下的共识。这种共识,就体现在"创意管理十一诫"中,如表7-2所示。

表7-2 3M公司"创意管理十一诫"

序号	创意管理十一诫
1	放手让员工追逐梦想
2	创造合作的文化
3	将新成果列为衡量指标
4	抢先消费者一步
5	庆祝表扬不可少
6	及早说不,给员工足够机会
7	把公司当成一辈子的事业
8	给最好的经理轮调海外的机会
9	不断增加研发经费
10	不必紧跟华尔街起舞
11	切勿随便扼杀任何新构想

3M公司容忍创新过程中的失败,但决不允许重复同样的失败。公司重视利用好"创新失败"的价值,要求创新人员及管理者认真总结失败的经验与教训,在公司内部共享,为公司再次创新提供借鉴。

为了落实"容忍失败,鼓励创新"的政策,3M公司明确规定,参与产品开发的小组成员,在产品开发计划取得成就后都会获得晋升,每个人在公司里的职位等级与酬劳类别,会随着产品销售额的变化而改变。如果他原先只是生产一线的工程师,一旦他开发的产品进入市场,就可晋升为产品工程师;销售额突破500万美元的时候,他就可以做整个产品线的工程技术经理;销售额突破2000万美元的时候,创新小组就可以升级为独立产品部门。他若是产品的主要开发人员,就可以成为该部门的工程经理或研究发展主任。万一产品开发失败了,公司保证让员工回到参加创新小组之前所在的那个职位。[①]

(六)行之有效的独家创新秘籍

15%法则:在3M,每个员工都可以将工作时间的15%用来干"私活",上司也不得过问,员工享有充分的自由研究自己感兴趣的项目。一旦成功,他们就向上司推销,得到经费,实现商品化。

起源基金和开拓基金:如果员工的创新理念不符合3M的发展重点,可以通过申请起源基金或开拓基金得到一笔资金来继续创新研究。资金的额度根据项目的性质而定,在几万美元内变动。

逆向战略计划法:3M的前首席执行官德西蒙曾经说过,创新给我们指明方向,而不是我们给创新指明方向。3M的研究人员通常都是先解决技术问题,然后再考虑这种技术的运用领域,从而开创出一种新的产业。

(七)知识共享平台的构建

作为3M公司内部的知识共享平台,"技术论坛"是一个大型志愿者组织,该组织的成员有数千人,每天都会举办各种活动。该组织的宗旨是鼓励信息自由交换和员工间的相互联络,开辟技术、信息交流传递的渠道,为研究人员相互交流心得和解决疑难问题创造条件。

---

① 王长根.3M公司:员工主导成长模式[J].企业管理,2010(11):48.

"技术论坛"下设分会和专业委员会,分会主要讨论技术问题,技术委员会负责各种教育交流事务,对外委员会负责员工的对外交流联络,交流委员会负责定期搜集、编印、分发业务资讯。

"技术论坛"采用了计算机网络和数据库等信息技术方式,通过各种会议和跨学科小组方式等进行交流。

为了保证"技术论坛"的交流质量,3M公司高管会通过集体协作、经常性联络、保护主动精神等制度,来鼓励部门间的知识共享。

第四节 结论和思考

以上,笔者利用案例分析法研究了腾讯公司、迪士尼公司和3M公司在创新型人才培养方面的特色。虽然三家公司从事的主业不同(迪士尼以"动画+传媒+乐园"为主;腾讯以"互联网+文创"为主;3M则是多元化的典型,涉及工业、交通运输、电子通信、安防、商业、医疗及个人护理、电子、文教等各个领域),创始地不同(迪士尼和3M为美国,腾讯为中国),存在的历史不同(其中3M最长,118年;腾讯最短22年;迪士尼98年),但它们都有一个显著的共性,那就是对创新的高度重视。其中迪士尼公司和腾讯公司属于文化创意产业的范畴,3M则横跨多个产业。之所以在以文化创意人才为主题的研究中引入3M的案例,出于两个因素的考量:(1)3M以创新称雄百年;(2)文化创意人才作为创新型人才的一种,在具备自身特性的同时,也应遵循创新型人才的共性。通过3M与迪士尼、腾讯的比较,我们也发现了这一点。

三家公司在人才培养和管理上各具千秋,形式多样,但如果探究形式背后的价值观,就会发现他们都是在寻求同一个目标,那就是实现对人才创意潜能的最大激发。为了实现这一目标,三位公司的创始人和领导者根据自己所在国家的政策法规、教育特性和社会文化,针对自己公司的主业,创造性地提出和实施了一系列管理理念和制度,并在企业的不同发展阶段,进行了相应的调整,但其对创新的核心理念是一以贯之的,变化的只是实现的手段和表现的形式。

因为对三家公司所掌握材料的完整度不同,所以本书对三者的分析深度不同,详略各异,但各公司的核心特色都得到了体现。

下面从两个理论视角对上述三家公司的进一步研究。第一个视角是如何在企业层面做好创新型人才的培养;第二个视角是通过迪士尼、腾讯与3M公司的比较,探究文化创意人才在创新型人才培养的共性上,最显著的特性有哪些。

一、如何在企业层面做好创新型人才的培养

(一)领导人或创始人对创新和人才的高度重视

无论是3M公司的前任首席执行官威廉·麦克奈特、迪士尼的创始人华特·迪士尼,还是腾讯公司的马化腾,他们都对创新高度重视,并亲力亲为,在企业文化、管理制度和员工福利等方面,全力保障创新的最大化实现。如华特·迪士尼通过迪士尼大学,把自己对创新的重视转化为公司员工的共同信仰;马化腾亲自出任腾讯人力资源管理执行委员会负责人;威廉·麦克奈特重视对管理层在员工创新的保护和支持方面的考核。

(二)以人为本管理机制的建立

管理学家道格拉斯·麦克奎格(Douglas McGregor)说过:"员工越受尊重,生产力就越大。"[1]要实现创新型人才培养的目标,必须把人才视为公司

---

[1] 米可斯维特,伍尔德里奇.企业巫医:对当代管理大师与思想最权威的评述[M].汪仲,译.北京:华夏出版社,2007.

最宝贵的财富,对公司员工给予人性的关怀,实施人性化的管理与服务。通过人性化的工作制度、丰富的闲暇生活、优越的福利设施和奖励机制等给予员工最大的权利和自主空间,充分调动员工积极性与热情,加强员工间的交流与合作,设计最佳的管理制度和激励机制。

(三)行之有效的独家创新秘籍

在对三家公司进行研究时,我们发现每个公司都有自己行之有效的独家创新秘籍,如腾讯公司的"赶集场"、迪士尼公司的"铜锣秀"、3M公司的"15%法则"。虽然在形式上三者差异巨大,但都是适合各自公司的最佳选择。这表明,在激发员工的创新潜能这一目标一定的情况下,不必寻求实施方法的一致性,而应该在对自己公司的业务、企业文化和员工特点进行认真分析的基础上,去设计和试验多种实现方法。最后根据效果表现,确定出一种或几种创新方法固定下来,并提升为自己的创新秘籍。

(四)创新型企业文化与实施机制的创建

要保证创新型企业文化得到推广,需要具体而有效的实施机制来保障。在研究中,我们发现三家公司都有一套系统而严谨的实施机制来保证创新文化的延续与发展。如腾讯公司的"管理与专业双通道发展机制""腾讯创新中心""创新大赛",迪士尼公司的"迪士尼大学",3M公司的"技术与管理并行的晋升制度""创意管理十一诫""技术论坛"。这些机制都是在各自公司的创新发展中经过多次验证后保留下来的。

根据马斯洛的需求层次理论,在人才的不同发展阶段,对于奖励的需求是不同的,为此,上述三家公司根据自身的发展阶段、行业特性和员工特性,设计了丰富的奖励制度。这方面,3M公司做得最为出色,其创立了12种奖励制度,以奖励那些对公司发展做出贡献的员工。

（五）以绩效为导向的创意考核

企业作为经营性社会单元,盈利是企业的目标,企业的所有行为都是为了实现盈利的提升,人才的培养和管理也是一样,因此,对员工的创意的考核,就是以其创造的经济价值来考量的。如案例研究中,腾讯公司实施的绩效导向的创新管理、3M公司对创新小组的管理办法都体现了这一点。虽然因为掌握的资料不完整,没有找到迪士尼公司以绩效作为员工创意的考核办法的明确资料,但通过迪士尼公司流传甚广的一则故事可以得到侧面证明。这则故事是关于迪士尼公司创始人华特·迪士尼的激励故事。华特·迪士尼想要迪士尼乐园获得更多的销售额,就组织了7人小组来负责落实,最后取得了良好效果。在当年的圣诞节,每个小组成员都接待了一位打扮成米老鼠的信差,在信差递给他们一个信封中,装有100股迪士尼公司的股票和25张千元美钞,以及华特·迪士尼的亲笔感谢信:"这真是太棒了,你们真是太棒了,再这样做一次吧!"①

二、文化创意人才培养的最显著的特性

文化创意人才作为创新型人才的子项,对文化创意人才的培养不仅要遵循创新型人才培养的共性,也要针对文化创意产业的特性,体现自身的特性。

文化创意产业诉求的最高境界在于人的自我实现。因此,在文化创意人才的培养中,对梦想和幸福感的实现有着比其他产业更高的追求。

---

① 可以参考人力资源:如何激励下属? 看华特迪士尼的管理哲学[EB/OL].(2015-05-30)[2017-02-12].http://mt.sohu.com/20150530/n414121878.shtml.

(一)对梦想的追求

梦想是人类进步的源泉。人类的一切伟大成就都能找到一个梦想的起点。文化创意人才作为人类精神食粮的创造者,首先必须是一个拥有梦想的人,其次是一个勇于追求梦想的人。

这一点,在对上述三个公司的研究中,可以得到部分验证。如华特·迪士尼就是一个狂热的梦想者,他更是把对梦想的追求融入企业文化,成为员工的共同追求。腾讯以"通过互联网服务提升人类生活品质"作为企业使命,对于梦想的追求在强调力度上不如迪士尼公司,这可能是因为腾讯是作为一家互联网公司成长起来的文化创意企业,其文化创意特质还在孕育过程中。

(二)对员工幸福感的关注

许多研究证实,员工幸福感与工作绩效、工作满意度以及组织承诺等存在正向关系。[①]根据马斯洛的需求层次理论,"人们希望完成与自己能力相当的工作,使自己的潜能得到充分发挥,以实现自己的理想"。需要是行为的原动力,动机是行为的直接动力。要提升员工的幸福感,首先要尊重并善待人才,其次要为人才提供更加多元的、个性化的服务。

现在的员工主体是"80后"和"90后",在满足生理和安全需求后,他们对"尊重的需求"和"自我实现的需求"更加强烈,而员工幸福感就来自对这两种需求的满足。为此腾讯公司专门设立了"员工救助基金""员工家属关怀计划""家属开放日"等,迪士尼则追求"建成一个温馨如童话王国一样的大家庭"。

---

① Ed Diener, Martin E P Seligman. Beyond money: toward an economy of well-being [J]. Psychological science in the public interest, 2004, 5(1): 8.

第八章　结论与展望

　　本书致力于建构能够有效提升文化创意人才胜任力的培养模式,在对国内外文化创意人才培养模式现状分析的基础上,借助于三螺旋创新理论,对文化创意人才培养的关键影响因素——政府、高校、企业三者的作用和互动机制进行了研究,发现创意者会影响政府、高校、企业在文化创意人才培养中作用的发挥。为了加大对创意者的研究力度,本书引入胜任力理论,对文化创意人才胜任力模型进行了优化,并对优化后的文化创意人才胜任力指标进行了深入分析,发现政府、高校、企业和创意者的互动成为决定文化创意人才培养效果的关键因素。为此,本书提出了构建以创意者的自我培养为"根",以创意者的主观能动性为"导管"和"筛管",以文化创意人才胜任力为"果实"的"树形培养模式"的构想。同时在对"树形培养模式"的解读与阐释的基础上,分析和探讨了"树形培养模式"在我国文化创意人才培养中的实施策略。

　　通过研究,本书认为文化创意人才培养既具有传统人才培养的共性,又具有自身的个性。共性体现在文化创意人才的培养同其他产业人才一样,需要调动政府、高校、企业的影响力,并进行长时间的培育,才能实现"百年树人"的目标。而文化创意人才培养的个性特征,则源于"创意"二字。人才最终是否具有创意胜任力,很大程度上取决于创意者的主观能动性,取决于"冰山以下"的部分,尤其是创意人格部分。而恰恰在这方面,文化创意人才培养三螺旋机制中的政府、高校、企业都对它重视不足,推动力量不够。

如果创意者不能做好自我培养的准备工作,政府、高校、企业对文化创意人才的影响力就会受到制约,这样不仅会造成资源的浪费,也会阻碍文化创意人才的培养进程。

为此,本书在"树形培养模式"中,以"创意者之树"的形象对文化创意人才自身在文化创意人才培养中的重要性进行了凸显与强调,希望能在文化创意人才的培养实践中引起关键影响方的重视和研究,探索其中的互动机制,明确限制性条件,从而实现对政府、高校、企业三个关键影响方的作用的最优转化,提升对文化创意人才胜任力的培养效果。

本书创建的"树形培养模式",目前还属于理论推演阶段,后期需要在以下几个方面进行深入研究。

1. "树形培养模式"的内涵研究有待深入

"树形培养模式"的创建,来自对文化创意人才培养个性的研究。在研究过程中,发现文化创意人才培养过程与树的成长的类比关系,进而把植物学中关于树的成长的机理与机制引入文化创意人才培养中,初步对"树形培养模式"的内涵进行了阐释。这种阐释是形象化的,与理论的抽象化特征不符,在今后的研究中,需要对"树形培养模式"的内涵进行抽象化,形成完整的理论阐释架构,对内在机制进行完善。同时,需要进一步通过其他方法对该理论阐释成果进行深入研究,从而对"树形培养模式"在实践中的有效性进行验证。

2. "树形培养模式"的可操作性研究有待深入

(1)对"树形培养模式"进行理论回归和验证。学术界对于理论假想的验证,一般采用实验法、实证分析法和案例分析法。实证分析法可以准确地分析理论实施过程中各种数据的变化,进而对理论价值进行真实的评估。针对"树形培养模式",要采用实证分析法进行验证,需要从政府、高校、企业和创意者四个维度进行实证调研,考核的时长应以年度为宜,验证结果难以短时间内出来。同时,验证所需的费用很高,研究者难以独自承担。

在理论提出的早期,相对而言,从有效性和可操作性评价,案例研究是进行理论回归与验证的有效手段。因为通过案例研究,不仅可以获取第一手的实证材料,而且有助于形成可以检验的理论假说,对于理论研究的完善与发展有较大的帮助。[①]

现阶段,"树形培养模式"理论尚处于理论推演阶段,缺少成体系的研究成果;同时,"树形培养模式"理论横跨宏观、中观、微观的人才培养理论,涉及人才培养的多个环节,如对假说的全部进行实证研究,在时间、资金、能力上都不能在短时间内实现,而案例研究可以提供新鲜的理论视角。比较而言,针对"树形培养模式"的理论回归和验证,案例分析法是相对最优的选择。本书第七章,就是采用案例分析法探讨了"树形培养模式"理论在企业层面的应用。

(2)文化创意产业是一个群体概念,在不同的国家或地区,产业所具体包含的大类也不相同。本书优化的文化创意人才胜任力模型,聚焦在文化创意人才这一行业类别共有的胜任力。根据胜任力的岗位匹配性、动态性和情景依赖性,文化创意产业的不同类别中文化创意人才的胜任力模型是不同的。

在今后的研究中,计划参照北京市的文化创意产业分类,重点研究文化艺术服务、新闻出版发行服务、广播电视电影服务、广告和会展服务、工艺美术品生产与销售服务、设计服务、文化休闲娱乐服务中的文化创意人才胜任力模型。

(3)如同文化创意产业各大类中文化创意人才胜任力模型各具特色一样,本书创建的"树形培养模式",是针对文化创意人才的群体共性提出的,研究的是文化创意人才培养的共性,而在实践应用中,在不同的文化创意产业大类中,文化创意人才各具特色,这就影响了"树形培养模式"在应用中的

[①] 叶康涛.案例研究:从个案分析到理论创建[J].管理世界,2006(2):140.

可操作性。因此,需要针对具体的文化创意产业大类,加大对"树形培养模式"的个性转换的研究,应根据各大类的特色和性质,对"树形培养模式"进行调整,并制定相应的实施策略,以便能够更有效地指导各大类中文化创意人才的培养工作。在今后的研究中,将重点研究"树形培养模式"在文化艺术服务、广告和会展服务、设计服务、文化休闲娱乐服务四大类中的具体应用模式与实施策略。

参考文献

[1] FLORIDA R. The rise of the creative class[M]. New York: Basic Books, 2002: 67-72.

[2] 中共中央关于深化文化体制改革,推动社会主义文化大发展大繁荣若干重大问题的决定[EB/OL]. (2011-10-25)[2016-11-25]. http://news.xinhuanet.com/politics/2011-10-25/c_122197737.htm.

[3] 何颖,蒋鲲,吴华洋,等."四融合"人才培养模式的构建[J]. 中国高等教育,2016(4):67.

[4] 徐世丕. 全球文化产业大扫描(之三)[J]. 中外文化交流,2003(12):42.

[5] 胡锦涛. 坚定不移沿着中国特色社会主义道路前进 为全面建成小康社会而奋斗——在中国共产党第十八次全国代表大会上的报告[EB/OL]. (2012-11-19)[2016-11-25]. http://http://www.xj.xinhuanet.com/2012-11/19/c_113722546.htm.

[6] 张修翔.文化产业人才需求趋势分析[J]. 财经界,2012(10):274.

[7] 周旭霞. 杭州文化创意产业人才供需预测研究[J]. 现代产业经济,2013(10):54.

[8] 李东华. 文化产业在我国现阶段的经济作用及思考[D]. 南昌:南昌大学,2006.

[9] 孙坚,孙一帆. 中国创意产业发展现状分析及对策[J]. 企业经济,2007(9):17.

[10]赵莉.首都文化创意产业人才状况的实证分析[J].人才蓝皮书——中国人才发展报告(4),2007(5).

[11]高立鹏,吴铁雄.对北京花卉业生产要素竞争力的分析[J].林业经济,2010(1):111.

[12]全国哲学社会科学规划办公室."中国文化产业人才培养体系建设研究"中期检查报告[EB/OL].(2014-03-04)[2016-11-20].http://ex.cssn.cn/sjxz/xsqksjk/skdt/201403/t20140304_1010304.shtml.

[13]徐耀东,邵晓峰.创意人才培养是文化创意产业的关键——以高校艺术设计教育为例[J].福建论坛(人文社会科学版),2015(6):133.

[14]胡慧源.文化产业人才培养:问题、经验与目标模式[J].学术论坛,2014(5):52.

[15]马凤芹,王凌霞.高校文化产业人才培养策略探讨[J].教育探索,2013(6):33.

[16]姚伟钧.高校文化产业人才培养现状与创新的思考[J].福建论坛(人文社会科学版),2011(2):45.

[17]刘志华,陈亚民.文化产业管理学科建设及人才培养模式初[J].中国成人教育,2011(10):24-25.

[18]陈亚民.高校文化产业人才培养模式初探[J].经济研究导刊,2009(3):187-188.

[19]华正伟.我国文化创意产业人才培养模式的构建[J].沈阳师范大学学报(社会科学版),2009,33(3):39-41.

[20]戴卫明.论高等学校创意人才培养的问题及对策[J].当代教育论坛,2009(14):51-53.

[21]方东.构建文化产业管理专业人才培养模式的理论思考[J].科技管理研究,2009(2):208,191.

[22]张友臣.关于我国文化产业人才培养的忧思[J].东岳论丛,2006(3):31.

[23]李一凡. 北京文化创意产业发展与人才培养模式研究[J]. 北京印刷学院学报,2006(4):5.

[24]李洁. "项目驱动"式文化创意人才培养模式研究与实践[J]. 美术教育研究,2016(13):114-115.

[25]曹惠琴. "工作室制"人才培养模式存在的问题及策略——以艺术类专业教学为视角[J]. 安顺学院学报,2015(6):44-45.

[26]项仲平,刘静晨. 文化创意产业背景下高校艺术教育的发展路径探究[J]. 浙江传媒学院学报,2009,16(3):71-74.

[27]华梅. 高校应加强创意人才培养[J]. 教育与职业,2013(13):7.

[28]王福娟,邹宏,马英华,等. 文化创意产业从业人员能力需求与培养模式研究[J]. 邢台职业技术学院学报,2012(6):44-46.

[29]王丽芳. 艺术文化创意人才培养探析[J]. 教育评论,2012(1):78-80.

[30]靳埭强. 浅谈创意人才培养[J]. 装饰,2011(1):54-55.

[31]杨燕英,张相林. 我国文化产业创意人才的素质特征与开发[J]. 中国广播电视学刊,2010(9):33-35.

[32]陈红玉. 创意产业与创意人才培养[J]. 南京艺术学院学报美术与设计版,2012(2):28-31.

[33]王一川. 当代艺术创新人才及其创新素养[J]. 艺术百家,2011(6):26-28.

[34]向勇.文化产业创意经理人胜任力素质研究[J].同济大学学报社会科学版,2009(5):57-62.

[35]何玮,陆恂斌. 培养文化产业创意经理人迫在眉睫[J]. 才智,2013(14):379-380.

[36]卜希霆,李伟.创意的聚合与辐射——高校文化创意产业孵化器研究[J].现代传播,2009(4):105-107.

[37]殷宝良. 文化创意人才培养模式的探讨[J]. 社会科学家,2009(10):

126-128.

[38]王丽琦.谈文化创意产业发展与高校文化创意人才培养[J].艺术教育,2010(12):151-152.

[40]吴清津.内部营销视角下的创意人才管理[J].特区经济,2008(11):301-302.

[41]楼晓玲.创意人力管理新模式探悉[J].商场现代化,2007(15):312-313.

[42]楼晓玲,吴清津.创意人才激励[J].人才开发,2007(4):34-35.

[43]黄炜.产学研相结合的创新型人才培养模式研究——以文化产业管理专业为例[J].沿海企业与科技,2013(1):72-73.

[44]赵砚文,李秀然.河北省文化产业人才培养路径研究[J].河北学刊,2014(5):225-227.

[45]王洁,张春河.河北省文化创意产业人才培养模式[J].河北理工大学学报(社会科学版),2011(3):42-43.

[46]王天旺,马骥华,王子华.张家口旅游文化产业人才队伍建设问题的思考[J].大舞台,2013(1):291-293.

[47]沈中禹,王敏,李妍.基于河北文化产业发展需要的高校人才培养战略思考[J].河北青年管理干部学院学报,2012(3):107-108.

[48]麦茂生.广西高校文化产业人才培养研究[J].中国人才,2012(8):139-140.

[49]戎霞.北部湾经济区高校文化产业人才培养策略初探[J].高教论坛,2013(5):55-58.

[50]戎霞.互联网+视阈下区域化文化创意产业人才培养路径探析——以广西地区为例[J].西部素质教育,2016(2):13,22.

[51]卢新文."政、校、行、企"四位一体——淮安文化创意产业人才培养模式研究[J].中小企业管理与科技旬刊,2012(33):155-156.

[52]魏然.台湾文化产业人才培养体系初探[J].台湾研究,2010(3):50-54.

[53]蒋颖,吴斌.四川文化产业人才队伍建设调查与思考[J].新闻界,2006(4):4-7.

[54]杜洁,肖红,许庆荣.打破边界系统构建文化产业人才职业培养平台——成都市民间(含中专学校)文化产业人才培训机构研究报告[J].四川戏剧,2009(2):127-130.

[55]刘斌.文化创意产业下校企协作人才培养模式研究[J].美术大观,2016(4):173.

[56]苏娴.独立学院文化产业管理人才培养的目标定位与培养模式探究[J].中国大学教学,2015(7):66.

[57]何萍,马立军,王明成.国内高校文化产业管理专业人才培养模式问题研究[J].产业与科技论坛,2012,11(5):254.

[58]曹丹.高校文化创意类专业人才培养模式探析[J].天中学刊,2012(2):129-130.

[59]王建新.文化创意产业产学研合作人才培养的影响因素分析——基于系统动力学视域的研究[J].高等工程教育研究,2014(2):80.

[60]殷宝良.文化创意人才培养模式的探讨[J].社会科学家,2009(10):126-128.

[61]王丽琦.谈文化创意产业发展与高校文化创意人才培养[J].艺术教育,2010(12):151-152.

[62]陈国营,许琼.文化创意人才培育模式的探索——以北京海淀区为例[J].消费导刊,2008(22):42-43.

[63]厉无畏,王慧敏.创意产业新论[M].上海:东方出版中心,2009:163.

[64]郑昭.文化创意产业人才培养战略研究[J].中外企业家,2009(8):100-101.

[65]李程骅,赵曙明.发达国家创意人才的培养战略及启示[J].南京社会

科学,2006(11):1-5.

[66]胡建军.创意产业的发展与我国创意人才的培养战略[J].改革与开放,2007(6):17-18.

[67]付瑞红,霍云龙.英国创意教育和文化产业人才培养模式探析[J].教学研究,2015(6):38-42.

[68]邓芳芳.论英国创意人才培养战略对我国的启示[J].艺术探索,2009(6):49-50.

[69]李程骅,赵曙明.发达国家创意人才的培养战略及启示[J].南京社会科学,2006(11):1-5.

[70]PARNESS J. Idea—stimulation techniques[J]. Journal of creative behavior, 1976,18(1):62-66.

[71]约翰·哈特利.创意产业读本[M].曹书乐,包建女,李慧,译.北京:清华大学出版社,2007:10.

[72]O'CONNOR J,GU X. A new modernity? The arrival of creative industries in China[J]. International journal of cultural studies,2006,9(3):273-274.

[73]霍金斯.创意产业的核心要素[J].石同云,译.电影艺术,2006(5):21.

[74]房国忠,王晓钧.基于人格特质的创新型人才素质模型分析[J].东北师大学报(哲学社会科学版),2007(3):108.

[75]DCMS. A new cultural framework[R]. London:Department for culture, media and sport,1998:145.

[76]RUNCO A M. Education for creative potential[J]. Scandinavian journal of educational research,2003,47(3):320.

[77]MILGRAM M R. Challenging out-of-school activities as a predictor of creative accomplishments in art,drama,dance and social leadership[J]. Scandinavian Journal of educational research,2003,47(3):305-315.

[78]ZHU CHANG,ZHANG LI-FANG. Thinking styles and conceptions of creativity among university students[J]. Educational psychology,2011, 31(3):361-375.

[79]EDER J P. Integrating the componential and interactionist models of employee creativity[D]. Newark:Faculty of the University of Delaware, 2007:345.

[80]弗罗里达. 创意阶层的崛起[M]. 司徒爱琴,译.北京:中信出版社, 2010:285.

[81]RAUCH S,NEGREY C. Does the creative engine run? a consideration of the effect of creative class on economic strength and growth[J]. Journal of urban affairs,2006(5):473-489.

[82]SCOTT A J. Creative cities:conceptual issues and policy questions[J]. Journal of urban affairs,2006(28):1-17.

[83]GERTLER M S,FLORIDA R. GATES G,et al. Competing on creativity: placing Ontario's cities in North American context[M]. Toronto:Ontario Ministry of Enterprise,Opportunity and Innovation and the Institute for Competitiveness and Prosperity,2002:123.

[84]DRAKE G. This Place gives me space:place and creativity in the creative industries [J]. Geoforum,2003(49):511-524.

[85]BOSCHMA R A,FRITSCH M. Creative Class and Regional Growth: Empirical Evidence from Seven European Countries[J]. Economic geography, 2009(85):391-423. DOI:10.1111/j.1944-8287.2009.01048.x.

[86]FLORIDA R,TINAGLI I. Europe in the creative age[R]. Carnegie-Mellon Software Industry Center,2004:16.

[87]PEEK J. Struggling with the creative class[J]. International journal of urban and regional research,2005(29):740-770.

[88]KANTER R M,RAYMOND D. British broadcasting corporation:making it happen[M]. Boston MA:Havard Business School Publishing,2003:1.

[89]THE RESEARCH DEPARTMENT OF HONG KONG ARTS DEVELOPMENT COUNCIL. Introduction to creative industries:the case of united kingdom and implementation strategies in HongKong[EB / OL].(2000-05-18)[2016-10-25]. http://www.hkadc.org.hk/en/infocentre/research/report--200005.2000.

[90]陈波. 台湾文化创意产业发展现状与前瞻[J]. 荆楚学刊,2016,17(5):53.

[91]赵自芳. 香港文化及创意产业的发展经验及启示[J]. 人文天下,2016(11):13.

[92]王鹏. 香港文化创意产业的发展及其启示[J]. 亚太经济,2007(6):82.

[93]魏来. 中国文化经济的理论渊源与现代分析[D]. 长春:吉林大学,2012.

[94]苑洁. 文化产业行业界定的比较研究[J]. 理论建设,2005(1):62.

[95]胡惠林. 我国文化产业创新体系的若干问题[J]. 学术月刊,2001(11):62.

[96]肖代柏. 我国文化产业发展现状及对策研究[J]. 魅力中国,2010(12):46.

[97]金元浦. 我国文化创意产业发展的三个阶梯与三种模式[J]. 中国地质大学学报(社会科学版),2010,10(1):21.

[98]李江帆. 文化产业:范围、前景与互动效应[J]. 经济理论与经济管理,2003(4):28.

[99]国家统计局. 国家统计局关于印发《文化及相关产业分类》的通知[EB/OL].(2004-04-01)[2017-01-25]. http://www.gxtj.gov.cn/zdbz/tjbz/201511/t20151129_61967.html.

[100]国家统计局设管司. 文化及相关产业分类(2012)[EB/OL].(2012-07-31)[2016-12-20]. http://www.stats.gov.cn/tjsj/tjbz/201207/t20120731_

8672.html#.

[101]霍金斯. 创意经济:如何点石成金[M]. 洪庆福,孙薇薇,刘茂玲,译. 上海:上海三联书店,2006:36.

[102]厉无畏. 创意产业导论[M]. 上海:学林出版社,2006:221-224.

[103]向勇. 文化产业人力资源开发[M]. 长沙:湖南文艺出版社,2006:56.

[104]李元元,曾兴雯,王林雪. 基于创意人才需求偏好的激励模型研究[J]. 科技进步与对策,2011(12):150-155.

[105]蒋三庚,王晓红,张杰. 创意经济概论[M]. 北京:首都经济贸大学出版社,2009:106.

[106]董泽芳. 高校人才培养模式的概念界定与要素解析[J]. 成才之路,2015(15):31.

[107]朱宏. 高校创新人才培养模式的探索与实践[J]. 高校教育管理,2008(3):7.

[108]翟安英,石防震,成建平. 对高等教育创新型人才培养及模式的再思考[J]. 盐城工学院学报(社会科学版),2008(2):64-68.

[109]王晋光. 从当前大学生就业难看人才培养模式的创新[J]. 中国电力教育,2010(25):11.

[110]龚怡祖. 略论大学人才培养模式[J]. 高等教育研究,1998(1):45.

[111]马国军. 构建创新人才培养模式的研究[J]. 高等农业教育,2001(4):20.

[112]刘智运. 改革人才培养模式,培养创新型人才[J]. 教学研究,2010(6):3.

[113]刘红梅,张晓松. 21世纪初高教人才培养模式基本原则探析[J]. 齐齐哈尔医学院学报,2002(5):589-590.

[114]邬大光. 关于人才培养模式的若干思考——在"应用型本科院校人才培养模式改革与创新论坛"上的报告[J]. 白云学院学报,2010(1):6.

[115]中国社会科学院语言研究所词典编辑室. 现代汉语词典[M]. 7版.

北京:商务印书馆,2005.

[116]陈初友,王国英. TOP创意学经典教程[M]. 北京:北京出版社,1998.

[117]丁钢,梁劲,惠红. 创意内涵研究[J]. 重庆理工大学学报:社会科学版,2010,24(11):79.

[118]BILTON C. From creative industries to creative management[M]. Oxford,UK:Blackwell Publishing,2007:161.

[119]霍金斯. 创意生态——思考在这里是真正的职业[M]. 林海,译. 北京:北京联合出版公司,2011:29.

[120]多斯桑托斯. 2008创意经济报告——创意经济评估的挑战、面向科学合理的决策[M].张晓明,周建刚,译. 北京:三辰影库音像出版社,2008:9.

[121]金洪波. 关于企业内部创新模式的探讨[J]. 重庆三峡学院学报,2009(1):118-120.

[122]冯之浚,刘燕华,方新,等. 创新是发展的根本动力[J]. 科研管理,2015,36(11):1.

[123]舒新城. 辞海[M]. 上海:上海辞书出版社,1999:225.

[124]MADDI S R. The story of hardiness:twenty years of theorizing,research,and practice[J]. Consulting psychology journal:practice and research,1999,51(2):177.

[125]周道生. 实用创造[M]. 南京:南京师范大学出版社,2000:13.

[126]丁海莺,丁松滨. 研究生创新能力及其形成[J]. 中国电力教育,2006(6):20.

[127]林崇德. 培养和造就高素质的创造性人才[J]. 北京师范大学学报(社会科学版),1999(1).

[128]SPENCER L M,SPENCER S M. Compctence at work:models for superior performance[M]. New York:John Wiley & Sons,Inc.,1993:8.

[129]MCCLELLAND D C. Testing for competence rather than for intelligence [J]. American psychologist,1973(28):1-14.

[130]谢晔. 民办高校教师胜任力模型及胜任力综合评价[J]. 高教发展与评估,2010(4):2.

[131]王建民,杨木春. 胜任力研究的历史演进与总体走向[J]. 改革,2012 (12):138.

[132]彭本红,陶友青,邓瑾. 大学高层次人才胜任力的评价[J]. 统计与决策,2007(15):143.

[133]张常维. 高校教师胜任力模型与绩效关系研究[D]. 成都:西南交通大学,2010:57.

[134]刘林林,曲海英. 胜任力视角下创新人格的研究进展[J]. 校园心理, 2016,14(5):333.

[135]张秀萍,迟景明,胡晓丽. 基于三螺旋理论的创业型大学管理模式创新 [J]. 大学教育科学,2010(5):43-47.

[136]孟卫东,佟林杰. 我国三螺旋创新理论研究综述[J]. 燕山大学学报 (哲学社会科学版),2013,14(4):126.

[136]埃茨科威兹. 三螺旋:大学·产业·政府三元一体的创新战略[M]. 周春彦,译. 北京:东方出版社,2005:1.

[137]周春彦. 大学—产业—政府三螺旋创新模式——亨利·埃茨科维兹《三螺旋》评介[J]. 自然辩证法研究,2006(4):76.

[138]苏竣,薛二勇. 中国建设高等教育强国路线图研究[J]. 中国高教研究,2010(4):125.

[139]全国哲学社会科学规划办公室.加快推进高校文化产业人才培养体制机制改革——"中国文化产业人才培养体系建设研究"成果要报[EB/OL].(2015-07-01)[2016-12-21]. http://www.npopss-cn.gov.cn/n/2015/0701/c357478-27239038.html,.

[140]何敏."开门"造车——"工作室制"艺术设计教学模式初探[J].苏州工艺美术职业技术学院学报,2008(1):13-14.

[141]唐春妮.高职艺术设计专业项目工作室教学模式的思考与实践[J].设计与艺术,2010(6):181.

[142]邢小刚.高校艺术类专业创新型人才培养模式改革探索[J].江苏高教,2011(6):95.

[143]杭敏.国外文化产业学学科建设模式研究[J].现代传播(中国传媒大学学报),2015,37(7):60.

[144]张彬,杜晓燕.美国文化产业国际竞争力现状及影响因素分析[J].对外经济贸易大学报,2012,(4):85.

[145]贾春峰.文化力:经济发展的内驱力[J].学术研究,1995(1):43.

[146]张晓鹏.美国大学创新人才培养模式探析[J].中国大学教学,2006(3):8.

[147]程坚军.对我国文化创意产业发展及人才培养的思考——以英国文化创意产业发展为例[J].中国广播电视学刊,2010(7):63.

[148]王立丽,牛继舜.伦敦文化创意产业发展模式借鉴与启示[J].商业经济研究,2013(14):122.

[150]李吉林.学习科学与儿童情境学习——快乐、高效课堂的教学设计[J].教育研究,2013(11):81-91.

[151]曹金焰.文化创意在城市发展与人才培养中的作用——以英国文化创意产业为例[J].新闻与写作,2016(2):105.

[152]GUILE D. Access learning and development in the creative and cultural sectors:from "creative apprenticeship" to "being apprenticed"[J]. Journal of education and work,2006(5):433-453.

[153]郑苒.英国资助年轻人投身创意产业[N].中国文化报,2013-12-19(10).

[154]付瑞红,霍云龙.英国创意教育和文化产业人才培养模式探析[J].教学研究,2015(6):38-39.

[155]王涛.英国:"创意"推动文化产业发展[N].经济日报,2011-11-17(7).

[156]喻翠玲.英美创意产业发展对中国的启示[J].重庆工商大学学报(西部论坛),2009(2):74.

[157]张辉.美、日、欧创新人才培养研究综述[J].亚太经济,2010(3):71.

[158]陈萍.文化软实力的经济学分析[D].北京:吉利大学,2010:133.

[159]刘民义.立法与政府推动:日本产学研结合的特点和启示[N].科学时报,2009-11-12(A3).

[160]李美智.韩中文化产业发展比较对中国的启示[D].上海:华东师范大学,2011:54.

[161]马可佳.人才成文化产业"倍增计划"的瓶颈[N].第一财经日报,2012-03-01(6).

[162]焦尔当.学习的本质[M].杭零,译.上海:华东师范大学出版社,2015:8.

[163]博赞,博赞著.思维导图[M].卜煜婷,译.北京:化学工业出版社,2016:27.

[164]唐亚林,鲁迎春.基于PSG胜任力框架的英国公务员能力建设推进战略及其启示[J].中国行政管理,2011(11):91-95.

[165]施镜.制造业国有企业管理者胜任特征模型的构建与验证研究[D].沈阳:辽宁师范大学,2013:47.

[166]MARKUSLH T D C,ALLPRESS K N. Confounded by competencies? an evaluation of the evolution and use of competency models[J]. New Zealand journal of psychology,2005,34(2):56-57.

[167]DALTON M. Are competency models a waste[J].Training & development,

1997:48.

[168]刘爽,左雅. 基于胜任特征模型的人才招聘与管理[J]. 社会心理科学,2011(9):22.

[169]胡黎明,赵瑞霞. 文化创意人才元胜任力模型的SEM实证研究——基于文化创意产业链跨区域整合视角[J]. 北华大学学报(社会科学版),2015(4):134-138.

[170]李扬. 创意产业人才胜任力模型构建探索[J]. 经济师,2009(12):205-206.

[171]李津. 创意产业人才素质要求与胜任力研究[J]. 科学学与科学技术管理,2007(8):195-197.

[172]张煜. 基于素质模型的A公司创意人员培训需求分析[D]. 西安:西北工业大学,2007:43.

[173]张燕,王晖,蔡娟娟. 文化创意人才素质测评指标体系的构建研究[J]. 现代传播(中国传媒大学学报),2009(4):115-121.

[174]陈炎霞. 创意人才能力素质模型的构建及其应用研究[D]. 泉州:华侨大学,2011:27-40.

[175]赵敏祥,励立庆,吴珺楠. 文化创意人才胜任力结构研究[J]. 浙江工业大学学报(社会科学版),2014(4):417-422.

[176]汤舒俊,唐日新. 广告创意人胜任力模型研究[J]. 怀化学院学报,2008,27(2):190.

[177]向勇.文化产业创意经理人胜任力素质研究[J]. 同济大学学报社会科学版,2009,20(5):57-62.

[178]陈树文,宋晨. 文化产业创意人才的素质结构及开发途径探究[J]. 首都论坛,2012(S5):120.

[179]王刚,牛维麟,杨伟国.文化产业创意人才素质模型研究[J]. 国家行政学院学报,2016(2):120.

[180]李万友.缺少质疑精神是道沉重的教育考题[J].湖南教育旬刊,2013(8):12.

[181]何杨勇.研究型大学为何在卓越中失去了灵魂[J].江苏高教,2008(5):68.

[182]金元浦,霍金斯.对话:文化创意产业——"新的十亿人"的时代[J].福建论坛(人文社会科学版),2013(6):42.

[183]SCOTT S G,BRUCE R A. Determinants of innovative behavior:a path of individual innovation in the workplace[J]. Academy of management journal,1994,37(3):580.

[184]隋延力.创新人才的识别与培养[J].研究与发展管理,2004(4):116.

[185]许良英,李宝恒,赵中立.爱因斯坦文集(第3卷)[M].北京:商务印书馆,2009:28.

[186]翟杰全.科学传播学[J].科学学研究,1986(3):11.

[187]陈至立.《中国的创造精神》序言[J].课程·教材·教法,2002(7):5.

[188]石中英.中国传统文化阻碍创造性人才培养吗?[J].中国教育学刊,2008(8):2.

[189]林崇德.创新人才与教育创新研究[M].北京:经济科学出版社,2009:107.

[190]姜文学.创意产业与创意人才培养[J].天津师范大学学报(社会科学版),2008(5):77.

[191]石建莹,李茜,张雅丽,等.西部文化创意产业人才队伍建设现状调研分析[J].陕西行政学院学报,2015(2):16.

[192]TAN BEE TIN. Creativity,diversity and originality of ideas in divergent group discussion tasks:the role of repetition and addition in discovering "new significant", or "original" ideas and knowledge[J]. Language and education,2003(17):128.

[193]蔡尚伟,李志伟,曹旭.文化产业:破冰扬帆正逢春——当前我国文化产业的机遇、挑战与政策建议[N].光明日报,2010-01-07(11).

[194]林崇德.教育与发展——创新人才的心理学整合研究[M].北京:北京师范大学出版社,2002:234.

[195]王能宪.原创性文化是文化产业的动力和源泉[N].光明日报,2004-09-01(5).

[196]匡瑾璘,牟敦山.人的创造性与有创造性的人——马斯洛创造性思想探微[J].理论探讨,2000(2):33.

[197]王媚霞.以兴趣促发展——谈如何培养学生自主学习的能力[J].教育实践与研究,2003(11):37.

[198]任柯."知识失业"的经济学分析——以我国高校毕业生就业难为例[D].西安:西安理工大学,2006:78.

[199]ASPINWALL,STUDINGER. A psychology of human strengths:undamental questions and future directions for a positive psychology [C]. American psychological association,2003:62.

[200]张琦璋,陈雪梅.创意阶层的审美人格塑造[J].东北师大学报(哲学社会科学版),2013(2):209.

[201]戚业国.我国大学创新人才培养的实践反思[J].中国高等教育,2012(9):37.

[202]侯钧生.西方社会学理论教程[M].天津:南开大学出版社,2010:251.

[203]王志军,陈丽.联通主义学习理论及其最新进展[J].开放教育研究,2014(5):11-28.

[204]严雪怡.从建构主义理论视角谈学生创新能力培养[J].职业技术教育,2002,23(28):7-8.

[205]王英杰,刘保存.国际视野中的大学创新教育[M].山西教育出版社,2005:144.

[206]郑淮.面向学习社会教育理论的嬗变[J].华南师范大学学报(社会科学版),2005(5):105-110.

[207]陈丽,林世员,郑勤华,等."互联网+"时代中国远程教育的机遇和挑战[J].现代远程教育研究,2016(1):5.

[208]刘恩东.英国文化创意产业发展中的政府定位[N].中国经济时报,2015-07-07(6).

[209]宋春光,闫秀荣.文化产业创意人才发展影响因素分析[J].黑龙江社会科学,2013(6):55.

[210]宋惠昌.马克思恩格斯的伦理学[M].北京:红旗出版社,1986:183.

[211]联合国教科文组织21世纪教育委员会.教育:财富蕴藏其中[M].北京:教育科学出版社,1996:前言.

[212]姜文学.创意产业与创意人才培养[J].天津师范大学学报(社会科学版),2008(5):77.

[213]苏朝晖.职业的地位差别研究[J].甘肃社会科学,2003(2):83-85..

[214]江旺龙,于芳,方文龙.基于三螺旋改进模型的创意产业人才培养研究——以景德镇陶瓷文化创意产业为例[J].科技管理研究,2010(9):152.

[215]伊特韦尔,等.新帕尔格雷夫经济学大辞典[M].北京:经济科学出版社,1992:736.

[216]舒尔茨.论人力资本投资[M].吴珠华,等,译.北京:北京大学出版社,1990:19.

[217]王曦.澳大利亚文化创意产业发展对我国的启示——以"昆士兰模式"为例[J].中央财经大学学报,2013(1):75.

[218]刘建清,李克武,郑伦楚.研究型教学:探索与实践[M].武汉:华中师范大学出版社,2012:2.

[219]王剑.举国体制推动日本科技创新[N].中国科学报,2012-12-10(5).

[220]KREITLER S,CASAKIN H. Motivation for creativity in design students [J]. Creativity research journal,2009(27):77.

[221]贾绪计,林崇德,李艳玲. 独立自我建构、创造性人格、创意自我效能感与创造力的关系[J]. 北京师范大学学报(社会科学版),2016(1):66.

[222]廖颖川,吕庆华. 基于能力素质模型的企业创意人才开发[J].科技管理研究,2013,33(12):140..

[223]曾鸣.赋能:创意时代的组织原则[EB/OL].(2015-10-02)[2016-11-25]. http://www.chinavalue.net/Biz/Article/2015-10-2/204348.html.

[224]BOWEN D,LAWLER E. The empowerment of service workers:what, why,how,and when[J]. Sloan management review,1992(33):31-39.

[225]叶康涛. 案例研究:从个案分析到理论创建[J]. 管理世界,2006(2):140.

[226]张铭. 腾讯:创新是一种思维方式[J]. 中国报道,2006(10):95.

[227]严睿. 奚丹:第一财富带动腾讯发展[J]. 管理,2006(1):18.

[228]袁茵,张伟城. "腾讯":年轻人乐园[J]. 中国企业家,2010(24):108.

[229]刘举. 腾焰飞芒讯电流光——中国互联网界的传奇[J]. 中国电信业,2013(11):53.

[230]章淑贞,关伟娜. 腾讯网的用人之道——专访腾讯网新闻中心策划组主编魏传举[J]. 新闻与写作,2015(3):12.

[231]樊五勇. 迪斯尼传奇[M]. 北京:中国社会出版社,2004:351.

[232]张映,何赛男,唐淑芬. 迪士尼进驻上海对旅游人才培养模式的影响分析[J]. 经济师,2010(9):208.

[233]迈克尔·艾斯纳,托尼·施瓦茨. 高感性事业——迪斯尼主席兼首席执行官迈克尔·艾斯纳自传[M]. 刘俊英,刘怀宁,汪存华,译. 北京:中信出版社,2004:135.

[234]谭玲,殷俊. 动漫产业[M]. 成都:四川大学出版社,2006:134.

[235]佚名. 迪斯尼的追求[J]. 科学大观园,2002(3):53.

[236]尚天鸣. 3M 的创新智慧[J]. 国企,2013(2):108.

[237]余恺. 3M 公司的技术创新管理体系研究[D]. 南京:南京大学,2013:21.

[238]王长根. 3M 公司:员工主导成长模式[J]. 企业管理,2010(11):48.

[239]米可斯维特,伍尔德里奇. 企业巫医[M]. 汪仲,译. 北京:华夏出版社,2007.

[240]DIENER E,SELIGMAN M E P. Beyond money:toward an economy of well-being[J]. Psychological science in the public interest,2004,5(1):8.

[241]弗罗里达. 创意新贵[M]. 邹应琼,译. 台北:宝鼎出版社,2003.

[242]杰姆逊. 后现代主义与文化理论[M]. 北京:北京大学出版社,1997.

[243]泰罗. 科学管理原理[M]. 胡隆祖,冼子恩,朝丽顺,译. 北京:中国社会科学出版社,1984.

[244]马斯洛. 人性能达到的境界[M]. 西安:陕西师范大学出版社,2010.

[245]纽曼. 大学的理想[M]. 徐辉,顾建新,何曙荣,译. 杭州:浙江教育出版社,2001.

[246]布鲁贝克. 高等教育哲学[M]. 王承绪,译. 杭州:浙江教育出版社,1998.

[247]扬. 创意[M]. 李旭大,译. 北京:中国海关出版社,2004.

[248]加德纳. 智能的结构[M]. 沈致隆,译. 北京:中国人民大学出版社,2008.

[249]霍克海默. 批判理论[M]. 李小兵,等,译. 重庆:重庆出版社,1989.

[250]马克思,恩格斯.马克思恩格斯选集:第2卷[M]. 中共中央马克思恩格斯列宁斯大林著作编译局,编译. 北京:人民出版社,1995.

[251]艾斯纳,施瓦茨. 高感性事业——迪斯尼主席兼首席执行官迈克尔·艾斯纳自传[M]. 刘俊英,刘怀宁,汪存华,译. 北京:中信出版社,2004.

[252]野中郁次郎,清泽达夫向. 创意挑战[M]. 香港:博益出版集团公司,1992.

[253]斯塔科.创造能力教与学(第二版)[M].刘晓陵,曾守锤,译.上海:华东师范大学出版社,2003.

[254]克里斯坦森,霍恩,约翰逊.创新者的课堂:颠覆式创新如何改变教育[M].李慧中,译.北京:中国人民大学出版社,2015.

[255]哈特利.创意产业读本[M].曹书乐,包建女,李慧,译.北京:清华大学出版社,2007.

[256]比尔顿.创意与管理:从创意产业到创意管理[M].向勇,译.北京:新世界出版社,2010.

[257]霍恩,斯特克.混合式学习:用颠覆式创新推动教育革命[M].聂风华,徐铁英,译.北京:机械工业出版社,2016.

[258]戈尔曼.情商——为什么情商比智商更重要[M].杨春晓,译.北京:中信出版社,2010.

[259]考恩.商业文化礼赞[M].严忠志,译.北京:商务印书馆,2005.

[260]约翰·波拉克.创新的本能:类比思维的力量[M].青立花,胡红玲,陆小虹,译.北京:中信出版社,2016.

[261]海恩,勃特克,普雷契特科.经济学的思维方式(修订第12版)[M].史晨,马昕,陈宇,译.北京:世界图书出版公司北京公司,2011.

[262]赫斯蒙德斯.文化产业[M].张菲娜,译.北京:中国人民大学出版社,2007.

[263]索罗斯比.文化政策经济学[M].易昕,译.大连:东北财经大学出版社,2013.

[264]杜威.我们如何思维[M].五中友,译.北京:新华出版社,2014.

[265]齐勇锋.中国文化产业十家论集——齐勇锋集[M].昆明:云南大学出版社,2016.

[266]齐勇锋.中国文化的根基:特色文化产业研究(第一辑)[M].北京:光明日报出版社,2014.

[267]齐勇锋,李炎.中国文化的根基:特色文化产业研究(第二辑)[M].北京:光明日报出版社,2016.

[268]齐勇锋,等.中国文化发展战略与公共财政研究[M].北京:中国经济出版社,2014.

[269]范周.中国文化产业新思考Ⅱ[M].北京:光明日报出版社,2014.

[270]熊澄宇.世界文化产业研究[M].北京:清华大学出版社,2012.

[271]管文明.创意阶层的崛起[M].北京:中信出版社,2010.

[272]陈少峰.文化产业读本[M].北京:金城出版社,2009.

[273]刘向欣,牟思伦,郝书辰,等.高校育人新机制探索:情感、激励、嫁接三结合[M].北京:人民出版社,2008.

[274]杨立岗,等.高素质创新人才培养模式研究[M].北京:国防工业出版社,2014.

[275]孙德林.创新创业多样化人才培养模式研究[M].北京:科学出版社,2014.

[276]郭雷振.美国本科人才培养模式研究[M].成都:西南交通大学出版社,2015.

[277]林金辉.高素质创新人才培养模式研究[M].厦门:厦门大学出版社,2016.

[278]王琦,章金萍.创业型人才培养模式研究[M].杭州:浙江大学出版社,2007.

[279]王雨田.控制论·信息论·系统科学与哲学[M].2版.北京:中国人民大学出版社,1988.

[280]张骏生.人才学[M].北京:中国劳动社会保障出版社,2006.

[281]李四达.迪斯尼动画艺术史[M].北京:清华大学出版社,2009.

[282]林崇德.教育与发展——创新人才的心理学整合研究[M].北京:北京师范大学出版社,2002.

[283]谭玲,殷俊.动漫产业[M].成都:四川大学出版社,2006.

[284]朱光潜.文艺心理学[M].上海:复旦大学出版社,2010.

[285]叶朗.美学原理[M].北京:北京大学出版社,2009.

[286]叶朗,朱良志.中国文化读本[M].北京:外语教学与研究出版社,2008.

[287]王一川.艺术学原理[M].北京:北京师范大学出版社,2011.

[288]袁张度.创造的潜能[M].上海:上海人民出版社,1989.

[289]刘秉君.思维的力量:管理者从优秀到卓越的秘籍[M].北京:中国经济出版社,2015.

[290]吴式颖.外国教育思想通史[M].长沙:湖南教育出版社,2002.

[291]张楚廷.高等教育哲学通论[M].北京:高等教育出版社,2010.

[292]陈磊,等.素质教育新论[M].武汉:武汉理工大学出版社,2003.

[293]路甬祥.21世纪中国面临的十二大挑战[M].北京:世界知识出版社,2001.

[294]汤莉萍,殷瑜,殷俊.世界文化产业案例选析[M].成都:四川大学出版社,2006.

[295]陈志楣,冯梅,郭毅.中国文化产业发展的财政支持研究[M].北京:经济科学出版社,2008.

[296]许良英,赵中立,张宣三.爱因斯坦文集:第3卷[M].增补本.北京:商务印书馆,2009.

[297]唐代兴.文化软实力战略研究[M].北京:人民出版社,2008.

[298]陈劲.创新思想者[M].北京:科学出版社,2011.

[299]北京大学外国哲学史教研室.西方哲学原著选读(下卷)[M].北京:商务印书馆,2007.

[300]祁述裕.中国文化产业国际竞争力报告[M].北京:社会科学文献出版社,2004.

附录　我国文化产业政策汇总
（2009—2017年1月）

	时间	发布机构	政策文件
2009	2009-07-17	财政部、国家税务总局	《关于扶持动漫产业发展有关税收政策问题的通知》
	2009-09-08	文化部	《文化部文化产业投资指导目录》（2009）
	2009-09-10	文化部	《文化部关于加快文化产业发展的指导意见》
	2009-09-26	国务院	《文化产业振兴规划》
2010	2010-01-25	国务院办公厅	《国务院办公厅关于促进电影产业繁荣发展的指导意见》
	2010-03-29	中央宣传部、中国人民银行、财政部、文化部、广电总局、新闻出版总署、银监会、证监会、保监会	《关于金融支持文化产业振兴和发展繁荣的指导意见》
	2010-06-09	文化部	《文化部关于加强文化产业园区基地管理、促进文化产业健康发展的通知》
	2010-08-06	文化部	《全国文化系统人才发展规划（2010—2020年）》
2011	2011-05-19	财政部、海关总署、国家税务总局	《关于印发〈动漫企业进口动漫开发生产用品免征进口税收的暂行规定〉的通知》
2012	2012-01-07	新闻出版总署	《关于进一步推动新闻出版产业发展的指导意见》

续表

	时间	发布机构	政策文件
2012	2012-02-15	中共中央办公厅、国务院办公厅	《国家"十二五"时期文化改革发展规划纲要》
	2012-02-23	文化部	《文化部"十二五"时期文化产业倍增计划》
	2012-04-28	财政部	关于重新修订印发《文化产业发展专项资金管理暂行办法》的通知
	2012-06-27	科技部、中宣部、财政部、文化部、广电总局、新闻出版总署	《国家文化科技创新工程纲要》
2014	2014-03-03	文化部、财政部	《藏羌彝文化产业走廊总体规划》
	2014-03-14	国务院	《国务院关于推进文化创意和设计服务与相关产业融合发展的若干意见》
	2014-03-17	国务院	《国务院关于加快发展对外文化贸易的意见》
	2014-03-17	文化部、中国人民银行财政部	《关于深入推进文化金融合作的意见》
	2014-04-16	国务院办公厅	《关于印发文化体制改革中经营性文化事业单位转制为企业和进一步支持文化企业发展两个规定的通知》
	2014-04-16	文化部办公厅	《国家文化产业示范基地管理办法》
	2014-05-01	文化部	《国家艺术基金章程（试行）》
	2014-07-11	文化部、工业和信息化部、财政部	《关于大力支持小微文化企业发展的实施意见》
	2014-08-08	文化部、财政部	《关于推动特色文化产业发展的指导意见》
	2014-10-08	国家知识产权局	《关于知识产权支持小微企业发展的若干意见》
	2014-11-27	财政部、国家税务总局中宣部	《关于继续实施文化体制改革中经营性文化事业单位转制为企业若干税收政策的通知》

续表

时间		发布机构	政策文件
2014	2014-12-18	国家新闻出版广电总局	《关于推动网络文学健康发展的指导意见》
2015	2015-01-04	国务院办公厅	《国务院办公厅关于转发知识产权局等单位深入实施国家知识产权战略行动计划（2014—2020年)的通知》
	2015-01-04	中共中央办公厅、国务院办公厅	《关于加快构建现代公共文化服务体系的意见》
	2015-01-30	国务院	《国务院关于促进云计算创新发展培育信息产业新业态的意见》
	2015-03-11	国务院办公厅	《国务院办公厅关于发展众创空间推进大众创新创业的指导意见》
	2015-03-30	国家知识产权局	《关于进一步推进知识产权金融服务工作的意见》
	2015-04-17	国家版权局办公厅	《关于规范网络转载版权秩序的通知》
	2015-04-19	国务院	《国务院关于进一步促进展览业改革发展的若干意见》
	2015-07-04	国务院	《国务院关于积极推进"互联网+"行动的指导意见》
	2015-08-25	国务院办公厅	《三网融合推广方案》
	2015-09-30	中共中央办公厅、国务院办公厅	《关于推动国有文化企业把社会效益放在首位、实现社会效益和经济效益相统一的指导意见》
	2015-10-03	中共中央	《中共中央关于繁荣发展社会主义文艺的意见》
	2015-11-07	国务院办公厅	《关于加强互联网领域侵权假冒行为治理的意见》
	2015-12-22	国务院	《国务院关于新形势下加快知识产权强国建设的若干意见》
	2015-12-31	中国资产评估协会	《知识产权资产评估指南》

续表

	时间	发布机构	政策文件
2016	2016-03-30	中国资产评估协会	《文化企业无形资产评估指导意见》
	2016-04-28	文化部、财政部	文化部 财政部关于开展引导城乡居民扩大文化消费试点工作的通知
	2016-05-11	国家文化部、国家发展和改革委员会、财政部、国家文物局	《关于推动文化文物单位文化创意产品开发的若干意见》
	2016-06-01	国家新闻出版广电总局	《出版物市场管理规定》
	2016-06-02	国家新闻出版广电总局	《关于移动游戏出版服务管理的通知》
	2016-06-03	国家新闻出版广电总局、财政部	《国家出版基金资助项目管理办法》
	2016-06-16	中宣部、国家新闻出版广电总局、国家发展和改革委员会、教育部、财政部等11部门	《关于支持实体书店发展的指导意见》
	2016-10-28	国务院办公厅	《国务院办公厅关于加快发展健身休闲产业的指导意见》
	2016-10-28	国务院办公厅	《国务院办公厅关于加快发展健身休闲产业的指导意见》
	2016-11-04	国家网信办	《互联网直播服务管理规定》
	2016-11-04	国家版权局	《关于加强网络文学作品版权管理的通知》
	2016-11-07	第十二届全国人民代表大会常务委员会第二十四次会议	《中华人民共和国电影产业促进法》
	2016-11-07	中共中央办公厅国务院办公厅	《关于实行以增加知识价值为导向分配政策的若干意见》
	2016-11-10	财政部、国家税务总局商务部、科技部、国家发展和改革委员会	《关于在服务贸易创新发展试点地区推广技术先进型服务企业所得税优惠政策的通知》

续表

	时间	发布机构	政策文件
2016	2016-11-17	国家旅游局、农业部	《关于组织开展国家现代农业庄园创建工作的通知》
	2016-11-25	中共中央宣传部、财政部、国家新闻出版广电总局	《中共中央宣传部、财政部、国家新闻出版广电总局关于加快推进全国有线电视网络整合发展的意见》
	2016-11-28	国务院办公厅	《国务院办公厅关于进一步扩大旅游文化体育健康养老教育培训等领域消费的意见》
	2016-12-02	文化部	《网络表演经营活动管理办法》
	2016-12-05	国家发展和改革委员会、国家旅游局	《关于实施旅游休闲重大工程的通知》
	2016-12-06	国家文物局、国家发展和改革委员会、科学技术部、工业和信息化部、财政部	《"互联网+中华文明"三年行动计划》
	2016-12-07	国务院	《国务院关于印发"十三五"旅游业发展规划的通知》
	2016-12-19	国务院	《国务院关于印发"十三五"国家战略性新兴产业发展规划的通知》
	2016-12-25	第十二届全国人民代表大会常务委员会第二十五次会议	《中华人民共和国公共文化服务保障法》
	2016-12-27	工业和信息化部	《工业和信息化部关于促进文房四宝产业发展的指导意见》
	2016-12-27	国务院	《国务院关于印发"十三五"国家信息化规划的通知》
	2016-12-27	国家新闻出版广电总局	《全民阅读"十三五"时期发展规划》
	2016-12-29	文化部	《文化部"一带一路"文化发展行动计划（2016—2020年）》

续表

时间		发布机构	政策文件
2016	2016-12-30	工业和信息化部、财政部	《关于推进工业文化发展的指导意见》
	2016-12-30	国务院办公厅	《国务院办公厅关于知识产权综合管理改革试点总体方案的通知》
2017	2017-01-07	中共中央办公厅、国务院办公厅	《关于实施中华传统优秀文化传承发展工程的意见》
	2017-01-13	国务院	《国务院关于印发"十三五"国家知识产权保护和运用规划的通知》